PHYSIOLOGIE

DU MARIAGE.

IMPRIMERIE DE A. BARBIER,
RUE DES MARAIS-S.-G., N. 17.

PHYSIOLOGIE

DU MARIAGE

ou

MÉDITATIONS DE PHILOSOPHIE

ÉCLECTIQUE,

SUR LE BONHEUR ET LE MALHEUR CONJUGAL,

PUBLIÉES PAR UN JEUNE CÉLIBATAIRE.

—

Le bonheur est la fin que doivent se proposer toutes les sociétés.
(L'auteur.)

—

TOME II.

PARIS.

LEVAVASSEUR, LIBRAIRE-ÉDITEUR,
AU PALAIS-ROYAL.
URBAIN CANEL, RUE J.-J. ROUSSEAU, N. 16.
M DCCC XXX.

SUITE

DE LA

DEUXIEME PARTIE.

To be or not be.......

L'être ou ne pas l'être, voilà toute la question.

Shakespeare, HAMLET.

DES MOYENS

DE DÉFENSE A L'INTÉRIEUR ET A L'EXTÉRIEUR.

MÉDITATION

XVII.

THÉORIE DU LIT.

Il était environ sept heures du soir. Assis
sur leurs fauteuils académiques, ils décrivaient
un demi-cercle devant une vaste cheminée,
où brûlait tristement un feu de charbon de
terre, symbole éternel du sujet de leurs im-

portantes discussions. A voir les figures graves quoique passionnées de tous les membres de cette assemblée, il était facile de deviner qu'ils avaient à prononcer sur la vie, la fortune et le bonheur de leurs semblables. Ils ne tenaient leurs mandats que de leurs consciences, comme les associés d'un antique et mystérieux tribunal; mais ils représentaient des intérêts, bien plus immenses que ceux des rois ou des peuples; car ils parlaient au nom des passions et du bonheur des générations infinies qui devaient leur succéder.

Le petit-fils du célèbre *Boulle*, était assis devant une table ronde, sur laquelle se trouvait la pièce de conviction, exécutée avec une rare intelligence; moi chétif secrétaire, j'occupais une place à ce bureau afin de rédiger le procès-verbal de la séance.

— Messieurs, dit un vieillard, la première question soumise à vos délibérations se trouve clairement posée dans ce passage d'une lettre écrite à la princesse de Galles, Caroline d'Anspach, par la veuve de Monsieur, frère de Louis XIV, mère du régent.

« La reine d'Espagne a un moyen sûr pour

» faire dire à son mari tout ce qu'elle veut. Le
» roi est dévot; il croirait être damné, s'il tou-
» chait une autre femme que la sienne, et ce
» bon prince est d'une complexion fort amou-
» reuse. La reine obtient ainsi de lui tout ce
» qu'elle souhaite. Elle a fait mettre des rou-
» lettes au lit de son mari. Lui refuse-t-il quel-
» que chose?... Elle pousse le lit loin du sien.
» Lui accorde-t-il sa demande? Les lits se
» rapprochent, et elle l'admet dans le sien. Ce
» qui est la plus grande félicité du roi, qui est
» extrêmement porté..... »

— Je n'irai pas plus loin, messieurs, car la
vertueuse franchise de la princesse allemande
pourrait être taxée, ici, d'immoralité.

Les maris sages doivent-ils adopter le lit
à roulettes ?.... Voilà le problème que nous
avons à résoudre.

L'unanimité des votes ne laissa aucun doute.
Il me fut ordonné de consigner sur le registre des délibérations, que, si deux époux se
couchaient dans deux lits séparés et dans une
même chambre, les lits ne devaient point avoir
de roulettes à équerre.—Mais sans que la présente décision, fit observer un membre, puisse

en rien préjudicier à ce qui sera statué sur la meilleure manière de coucher les époux.

Le président me passa un volume élégamment relié, contenant l'édition originale, publiée en 1788, des lettres de MADAME Charlotte-Elisabeth de Bavière, veuve de MONSIEUR frère unique de Louis XIV, et pendant que je transcrivais le passage cité, il reprit ainsi :

— Mais, Messieurs, vous avez dû recevoir à domicile le bulletin sur lequel est consignée la seconde question....

— Je demande la parole.... s'écria le plus jeune des jaloux assemblés.

Le président s'assit après avoir fait un geste d'adhésion.

— Messieurs, dit le jeune mari, sommes-nous bien préparés à délibérer sur un sujet aussi grave que celui présenté par l'indiscrétion presque générale des lits? N'y a-t-il pas là une question plus ample qu'une simple difficulté d'ébénisterie à résoudre? Pour ma part, j'y vois un problème qui concerne l'intelligence humaine. Les mystères de la conception, Messieurs, sont encore enveloppés de ténèbres, que la science moderne n'a que faiblement dissipées. Nous ne savons pas jusqu'à quel point les circonstances extérieures agissent sur les animaux microscopiques, dont la découverte est due à la patience infatigable des Hill, des Baker, des Joblot, des Eichorn, des Gleichen, des Spallanzani, surtout de Müller et, en dernier lieu, de M. Bory Saint-Vincent. L'imperfection du lit renferme une question musicale de la plus haute importance. Et, pour mon compte, je déclare que je viens d'écrire en Italie pour obtenir des renseignemens certains sur la manière dont les lits y sont généralement établis... Nous saurons incessamment, s'il y a beaucoup de tringles, de vis, de roulettes, si les constructions en sont plus vicieuses dans ce pays que partout ailleurs, et si la sécheresse des bois, due à l'action du soleil, ne produit pas, *ab ovo*, l'harmonie dont tous les Italiens ont le sentiment inné... Par tous ces motifs, je demande l'ajournement.

— Et sommes-nous ici pour prendre l'intérêt de la musique.... s'écria un gentlemen de l'Ouest, en se levant avec brusquerie. Il s'agit des mœurs, avant tout. Et la question morale prédomine toutes les autres...........

— Cependant, dit un des membres les plus
influens du conseil, l'avis du premier opinant
ne me paraît pas à dédaigner. Dans le siècle dernier, Messieurs, l'un de nos écrivains le plus
philosophiquement plaisant et le plus plaisamment philosophique, Sterne, se plaignait
du peu de soin avec lequel se faisaient les
hommes : « Oh honte ! s'écria-t-il, celui qui
» copie la divine physionomie de l'homme
» reçoit des couronnes et des applaudisse-
» mens, tandis que celui qui présente la maî-
» tresse pièce, le prototype d'un travail mimi-
» que, n'a, comme la vertu, que son œuvre
» pour récompense !........ » Ne faudrait-il pas
s'occuper de l'amélioration des races humaines,
avant de s'occuper de celle des chevaux. Messieurs, je suis passé dans une petite ville de
l'Orléanais où toute la population est compo-
sée de bossus, de gens à mines rechignées ou
chagrines, véritables enfans de malheur... Eh
bien! l'observation du premier opinant me fait
souvenir que tous les lits y étaient en très-mau-
vais état, et que les chambres n'offraient aux
yeux des époux que de hideux spectacles....

Eh, messieurs, nos esprits peuvent-ils être dans une situation analogue à celle de nos idées, quand au lieu de la musique des anges, qui voltigent çà et là au sein des cieux où nous parvenons, les notes les plus criardes de la plus importune, de la plus impatientante, de la plus exécrable mélodie terrestre, viennent à détonner.... Nous devons peut-être les beaux génies qui ont honoré l'humanité à des lits solidement construits, et la population turbulente à laquelle est due la révolution française a peut-être été conçue sur une multitude de meubles vacillans, aux pieds contournés et peu solides, tandis que les orientaux, dont les races sont si belles, ont un système tout particulier pour se coucher.... Je suis pour l'ajournement.

Et le Gentlemen s'assit.

Un homme qui appartenait à la secte des méthodistes se leva.

— Pourquoi changer la question? Il ne s'agit pas ici d'améliorer la race, ni de perfectionner l'œuvre. Nous ne devons pas perdre de vue les intérêts de la jalousie maritale et les principes d'une saine morale. Ignorez-vous que le bruit dont vous vous plaignez semble plus redoutable à l'épouse incertaine du crime que la voix éclatante de la trompette du jugement dernier?.... Oubliez-vous que tous les procès en criminelle conversation n'ont été gagnés par les maris, que grâce à cette plainte conjugale?.. Je vous engage, messieurs, à consulter les divorces de milord Abergaveny, du vicomte Bolingbrocke, celui de la feue reine, celui d'Élisa Draper, celui de madame Harris, enfin tous ceux contenus dans les vingt volumes publiés par.... (Le secrétaire n'entendit pas distinctement le nom de l'éditeur anglais.)

L'ajournement fut prononcé. Le plus jeune membre proposa de faire une collecte pour récompenser l'auteur de la meilleure dissertation qui serait adressée à la Société sur cette question regardée par Sterne comme si importante; mais à l'issue de la séance, il ne se trouva que dix-huit schellings dans le chapeau du président.

Cette délibération de la société qui s'est récemment formée à Londres pour l'amélioration des mœurs et du mariage, et que lord Byron a poursuivie de ses moqueries, nous a été transmise par les soins de l'honorable W. Haw-

kins, Esq. cousin-germain du célèbre capitaine Clutterbuck.

Cet extrait peut servir à résoudre les difficultés qui se rencontrent dans la théorie du lit
relativement à sa construction.

Mais l'auteur de ce livre trouve que l'associa-
tion anglaise a donné trop d'importance à cette
question préjudicielle.

Il existe peut-être autant de bonnes raisons
pour être *Rossinistes* que pour être *Solidistes*
en fait de couchette, et l'auteur avoue qu'il est
au-dessous ou au-dessus de lui de trancher
cette difficulté. Il pense avec Laurent Sterne
qu'il est honteux à la civilisation européenne
d'avoir si peu d'observations physiologiques
sur la Callipédie, et il renonce à donner les résultats de ses méditations à ce sujet parce qu'ils
seraient difficiles à formuler en langage de
prude, qu'ils seraient peu compris ou mal in-
terprétés. Ce dédain laissera une éternelle lacune
en cet endroit de son livre; mais il aura la
douce satisfaction de léguer un quatrième ouvrage au siècle suivant qu'il enrichit ainsi de
tout ce qu'il ne fait pas, magnificence négative
dont il donne l'exemple à plus d'un imitateur.

La théorie du lit va nous donner à résoudre des questions bien plus importantes que celles offertes à nos voisins par les roulettes et par les murmures de la criminelle conversation

Nous ne reconnaissons que trois manières d'organiser un lit (dans le sens général donné à ce mot)chez les nations civilisées et principalement pour les classes privilégiées auxquelles ce livre est adressé.

Ces trois manières sont:

1° LES DEUX LITS JUMEAUX.

2° DEUX CHAMBRES SÉPARÉES.

3° UN SEUL ET MÊME LIT.

Avant de nous livrer à l'examen de ces trois modes de cohabitation qui , nécessairement, doivent exercer des influences bien diverses sur le bonheur des femmes et des maris, nous devons jeter un rapide coup-d'œil sur l'action du lit et sur le rôle qu'il joue dans l'économie politique de la vie humaine.

Le principe le plus incontestable en cette matière est : *que le lit a été inventé pour dormir.*

Il serait facile de prouver que l'usage de coucher ensemble ne s'est établi que fort tard entre les époux, par rapport à l'ancienneté du mariage.

Par quels syllogismes l'homme est-il arrivé à mettre à la mode une pratique aussi fatale au bonheur, à la santé, au plaisir, à l'amour-propre même?.... Voilà ce qu'il serait curieux de rechercher.

Si vous saviez qu'un de vos rivaux a trouvé le moyen de vous exposer à la vue de celle qui vous est chère, dans une situation où vous étiez souverainement ridicule : par exemple, pendant que vous aviez la bouche de travers comme celle d'un masque de théâtre, ou pendant que vos lèvres éloquentes, semblables au bec en cuivre d'une fontaine avare, distillaient goutte à goutte une eau pure ; vous le poignarderiez peut-être. Ce rival est le sommeil. Existe-t-il au monde un homme qui sache bien comment il est et ce qu'il fait quand il dort?.....

Cadavres vivans, nous sommes la proie d'une puissance inconnue qui s'empare de nous malgré nous et se manifeste par les effets les plus bizarres : les uns ont le sommeil spirituel et les autres un sommeil stupide.

Il y a des gens qui reposent la bouche ouverte de la manière la plus niaise. Il en est d'autres qui ronflent à faire trembler les planchers. La plupart ressemblent à ces jeunes diables que Michel-Ange a sculptés, tirant la langue pour se moquer des passans. Je ne connais qu'une seule personne au monde qui dorme noblement. C'est l'Agamemnon que Guérin a montré couché dans son lit au moment où Clytemnestre, poussée par Égysthe, s'avance pour l'assassiner. Aussi, ai-je toujours ambitionné de me tenir sur mon oreiller comme se tient le roi des rois, dès que j'aurai la terrible crainte d'être vu, pendant mon sommeil, par d'autres yeux que par ceux de la Providence. De même aussi, depuis le jour où j'ai vu ma vieille nourrice *souffler des pois*, pour me servir d'une expression populaire mais consacrée, ai-je aussitôt ajouté, dans la litanie particulière que je récite à St. Honoré, mon patron, une prière pour qu'il me garantisse de cette piteuse éloquence.

Qu'un homme se réveille le matin, en montrant une figure hébétée, grotesquement coiffée d'un madras qui tombe sur la tempe gauche en manière de bonnet de police, il est certainement bien bouffon, et il serait difficile de reconnaître en lui cet époux glorieux célébré par les strophes de Rousseau; mais enfin il y a une lueur de vie à travers la bêtise de cette face à moitié morte..... Et si vous voulez recueillir d'admirables charges, artistes, voyagez en malle-poste, et à chaque petit village où le courrier réveille un buraliste, examinez ces têtes départementales?.. Mais, fussiez-vous cent fois plus plaisant que ces visages bureaucratiques, au moins vous avez alors la bouche fermée, les yeux ouverts, et votre physionomie a une expression quelconque...... Savez-vous comment vous étiez une heure avant votre réveil, ou pendant la première heure de votre sommeil, quand, ni homme, ni animal, vous tombiez sous l'empire des songes qui viennent par la porte de corne... Ceci est un secret entre votre femme et Dieu!

Était-ce donc pour s'avertir sans cesse de l'imbécillité du sommeil, que les Romains ornaient le chevet de leurs lits d'une tête d'âne?..... Nous laisserons éclaircir ce point par messieurs les membres composant l'académie des inscriptions.

Assurément, le premier s'avisa, par l'inspiration du diable, de ne pas quitter sa femme, même pendant le sommeil, devait savoir dormir en perfection. Maintenant, vous n'oublierez pas de compter au nombre des sciences qu'il faut posséder avant d'entrer en ménage, l'art de dormir avec élégance. Aussi nous mettrons ici comme un appendice à l'axiôme XXV du Catéchisme Conjugal, les deux aphorismes suivans :

I.

Un mari doit avoir le sommeil aussi léger que celui d'un dogue, afin de ne jamais se laisser voir endormi.

II.

Un homme doit s'habituer dès son enfance à coucher la tête nue.

Quelques poètes voudront voir, dans la pudeur, dans les prétendus mystères de l'amour, une cause à la réunion des époux dans un même lit ; mais il est reconnu que si l'homme a primitivement cherché l'ombre des cavernes, la mousse des ravins, le toit siliceux des antres, pour protéger ses plaisirs, c'est parce que l'amour le livre sans défense à ses ennemis. Non, il n'est pas plus naturel de mettre deux têtes sur un même oreiller qu'il n'est raisonnable de s'entortiller le cou d'un lambeau de mousseline. Mais la civilisation est venue, elle a renfermé un million d'hommes dans quatre lieues carrées; elle les a parqués dans des rues, dans des maisons, dans des appartemens, dans des chambres, dans des cabinets de huit pieds carrés; encore un peu, elle essaiera de les faire rentrer les uns dans les autres comme les tubes d'une lorgnette.

De là et de bien d'autres causes encore, comme l'économie, la peur, la jalousie mal entendue, est venue la cohabitation des époux; et cette coutume a créé la périodicité et la simultanéité du lever et du coucher.

Et voilà donc la chose la plus capricieuse du monde, voilà donc le sentiment le plus éminemment mobile, qui n'a de prix que par ses inspirations chatouilleuses, qui ne tire son charme que de la soudaineté des désirs, qui ne plaît que par la vérité de ses expansions, voilà l'amour enfin, soumis à une règle monastique, et à la géométrie du bureau des longitudes.

Père, je haïrais l'enfant qui, ponctuel comme une horloge, aurait, soir et matin, une explosion de sensibilité, en venant me dire un bonjour ou un bonsoir commandés. C'est ainsi que l'on étouffe tout ce qu'il y a de généreux et d'instantané dans les sentimens humains. Jugez par là, de l'amour à heure fixe?

Il n'appartient qu'à l'auteur de toutes choses de faire lever et coucher le soleil, soir et matin, au milieu d'un appareil toujours splendide, toujours nouveau, et personne ici-bas, n'en déplaise à l'hyperbole de Jean-Baptiste Rousseau, ne peut jouer le rôle du soleil.

Il résulte de ces observations préliminaires, qu'il n'est pas naturel de se trouver deux, sous la couronne d'un lit; qu'un homme est presque toujours ridicule endormi; et que la cohabitation constante présente pour les maris des dangers inévitables.

Nous allons donc essayer d'accommoder nos usages aux lois de la nature, et de combiner la nature et les usages de manière à faire trouver à un époux un utile auxiliaire et des moyens de défense dans l'acajou de son lit.

LES DEUX LITS JUMEAUX.

Si le plus brillant, le mieux fait, le plus spirituel des maris veut se voir minotauriser au bout d'un an de ménagé, il y parviendra infailliblement s'il a l'imprudence de réunir deux lits sous le dôme voluptueux d'une même alcove.

L'arrêt est concis, en voici les motifs :

Le premier mari auquel est dûe l'invention des lits jumeaux était sans doute un accoucheur qui, craignant les tumultes involontaires de son sommeil, voulut préserver l'enfant porté par sa femme des coups de pied qu'il aurait pu lui donner.

Mais non, c'était plutôt quelque Prédestiné qui se défiait d'un mélodieux catarrhe ou de lui-même.

Peut-être était-ce aussi un jeune homme qui, redoutant l'excès même de sa tendresse, se trouvait toujours, ou sur le bord du lit prêt à tomber, ou trop voisin de sa délicieuse épouse dont il troublait le sommeil.

Mais ne serait-ce pas une Maintenon aidée par un confesseur ou plutôt une femme ambitieuse qui voulait gouverner son mari ?... Ou mieux que cela, une jolie petite Pompadour attaquée de cette infirmité parisienne si plaisamment exprimée par M. de Maurepas dans le fameux quatrain qui lui valut sa longue disgrâce.

Enfin pourquoi ne serait-ce pas un philosophe épouvanté du désenchantement que doit éprouver une femme à l'aspect d'un homme endormi ? Et, celui-là se sera toujours roulé dans sa couverture, sans bonnet sur la tête.

Auteur inconnu de cette jésuitique méthode, qui que tu sois, au nom du diable, salut et fraternité !... Tu as été cause de bien des malheurs. Ton œuvre porte le caractère de toutes les demi-mesures, elle ne satisfait à rien et participe aux inconvéniens des deux autres partis sans en donner les bénéfices.........

Comment l'homme du dix-neuvième siècle, comment cette créature souverainement intelligente qui a déployé une puissance surnaturelle, qui a usé les ressources de son génie à déguiser le mécanisme de son existence, à déifier ses besoins pour ne pas les mépriser, allant jusqu'à demander à des feuilles chinoises à des fèves égyptiennes, à des graines du Mexique leurs parfums, leurs trésors, leurs âmes; allant jusqu'à ciseler les cristaux, tourner l'argent, fondre l'or, peindre l'argile, et solliciter enfin tous les arts pour décorer, pour agrandir son bol alimentaire !....... Comment ce roi, après avoir caché sous les plis de la mousseline, couvert de diamans, parsemé de rubis, enseveli sous le lin, sous les trames du coton, sous les riches couleurs de la soie, sous les dessins de la dentelle la seconde de ses pauvretés, peut-il venir la faire échouer avec tout ce luxe sur deux bois de lit?... A quoi bon rendre l'univers entier complice de notre existence, de nos mensonges, de cette poésie; à quoi bon faire des lois, des morales, des religions, si l'invention d'un tapissier (c'est peut-être un tapissier qui a créé les alcôves et les lits jumeaux) ôte à notre amour toutes ses illusions, le dépouille de son majestueux cortège et ne lui laisse que ce qu'il a de plus laid et de plus odieux;, car, c'est là toute l'histoire des deux lits.

Paraître sublime ou grotesque! voilà l'alternative à laquelle nous réduit un désir. Partagé, notre amour est sublime; mais couchez dans deux lits jumeaux, et le vôtre sera toujours grotesque. Les contre-sens auxquels cette demi-séparation donne lieu, peuvent se réduire à deux situations, qui vont nous révéler les causes de bien des malheurs.

Vers minuit, une jeune femme met ses papillottes en bâillant. J'ignore si sa mélancolie provient d'une migraine prête à fondre sur la droite ou sur la gauche de sa cervelle, ou si elle est dans un de ces momens d'ennui, pendant lesquels nous voyons tout en noir; mais à l'examiner se coiffant de nuit avec négligence, à la regarder lever languissamment la jambe pour la dépouiller de sa jarretiére, il me semble évident qu'elle aimerait mieux se noyer que de ne pas retremper sa vie décolorée dans un sommeil réparateur. Elle est en cet instant sous je ne sais quel degré du pôle nord, au Spitzberg ou au Groënland. Insouciante et froide, elle s'est couchée en pensant peut-être, comme l'eût fait madame Gauthier Shandy, que le lendemain est un jour de lessive, que son mari rentre bien tard, que les œufs à la neige qu'elle a mangés n'étaient pas assez sucrés, qu'elle doit plus de cinq cents francs à sa couturière; elle pense enfin à tout ce qui vous plaira de supposer que pense une femme ennuyée.

Arrive, sur ces entrefaites, un gros garçon de mari, qui, à la suite d'un rendez-vous d'affaires, a pris du punch et s'est émancipé. Il se déchausse, il met ses habits sur les fauteuils, laisse ses chaussettes sur une causeuse, son tire-botte devant la cheminée; et, tout en achevant de s'affubler la tête d'un madras rouge dont il ne cache même pas les coins, il lance à sa femme quelques phrases à points d'interjection, petites douceurs conjugales, qui font quelquefois toute la conversation d'un ménage, à ces heures crépusculaires où la raison endormie ne brille presque plus dans notre machine.

— Tu es couchée! — Diable, il fait froid ce soir! — Tu ne dis rien, mon ange! — Tu es déjà roulée dans ton lit!...— Sournoise, tu fais semblant de dormir!.....

Ces discours sont entrecoupés de bâillemens; et, après une infinité de petits événemens qui, selon les habitudes de chaque ménage, doivent diversifier cette préface de la nuit, voilà mon homme qui fait rendre un son grave à son lit en s'y plongeant.

Mais voici venir sur la toile fantastique que nous trouvons comme tendue devant nous, en fermant les yeux, voici venir les images séduisantes de quelques jolis minois, de quelques jambes élégantes, voici les amoureux contours qu'il a vus pendant le jour. Il est assassiné par d'impétueux désirs..... Il tourne les yeux vers sa femme. Il aperçoit un charmant visage encadré par les broderies les plus délicates; tout endormi qu'il puisse être, le feu

de son regard semble brûler les ruches de
dentelle qui cachent imparfaitement les yeux;
enfin des formes célestes sont accusées par
les plis révélateurs du couvre-pied....

— Nathalie?....

— Mais je dors, mon ami.........

Comment débarquer dans cette Laponie? Je
vous fais, jeune, beau, plein d'esprit, séduisant.
Comment franchirez-vous le détroit qui sépare le Groënland, de l'Italie? L'espace qui se
trouve entre le paradis et l'enfer n'est pas plus
immense que la ligne qui empêche vos deux
lits de n'en faire qu'un seul; car votre femme
est froide et vous êtes livré à toute l'ardeur
d'un désir.

N'y eût-il que l'action technique d'enjam-
ber d'un lit à un autre, ce mouvement place
un mari coiffé d'un madras dans la situation
la plus disgracieuse du monde. Le danger, le
peu de temps, l'occasion, tout, entre amans,
embellit les malheurs de ces situations, car
l'amour a un manteau de pourpre et d'or qu'il
jette même sur les fumans décombres d'une
ville prise d'assaut; tandis que pour ne pas
apercevoir des décombres sur les plus rians

tapis, sous les plis les plus séduisans de la soie, l'hymen a besoin des prestiges de l'amour. Ne fussiez-vous qu'une seconde à entrer dans les possessions de votre femme, le DEVOIR, cette divinité du mariage, a le temps de lui apparaître dans toute sa laideur.

Ah! devant une femme froide, qu'un homme doit paraître insensé, quand le désir le rend successivement colère et tendre, insolent et suppliant, mordant comme une épigramme et doux comme un madrigal; quand il joue enfin, plus ou moins spirituellement, la scène où, dans Venise Sauvée, le génie d'Otway nous a représenté le sénateur Antonio répétant cent fois aux pieds d'Aquilina:

—Aquilina, Quilina, Lina, Lina, Nacki, Aqui, Nacki! sans obtenir autre chose que des coups de fouet, quand il s'avise de faire le chien.

Même aux yeux de sa femme légitime, plus un homme est passionné dans cette circonstance et plus elle le trouve bouffon. Il est odieux quand il ordonne, il est minotaurisé s'il abuse de sa puissance. Ici, souvenez-vous de quelques aphorismes du Catéchisme Conjugal et vous verrez que vous en violez les préceptes

les plus sacrés. Qu'une femme cède ou ne
cède pas, les deux lits jumeaux mettent dans
le mariage quelque chose de si brusque, de si
clair, que la femme la plus chaste et le mari
le plus spirituel arrivent à l'impudeur.

Cette scène qui se représente de mille manières, et à laquelle mille autres incidens peuvent donner naissance, a pour *pendant* l'autre
situation moins plaisante mais plus terrible.

Un soir que je m'entretenais de ces graves
matières avec feu M. le comte de Nocé, dont
j'ai déjà eu l'occasion de parler, un grand vieillard à cheveux blancs, son ami intime, et que
je ne nommerai pas parce qu'il vit encore,
nous examina d'un air assez mélancolique.
Nous devinâmes qu'il allait raconter quelque
anecdote scandaleuse dont il n'était pas avare,
et alors nous le contemplâmes à peu près
comme le sténographe du Moniteur doit regarder monter à la tribune un ministre dont
il a reçu d'avance l'improvisation.

Le conteur était un vieux marquis émigré,
dont la fortune, la femme et les enfans avaient
péri dans les désastres de la révolution. La marquise ayant été une des femmes les plus incon-

séquentes du temps passé, il ne manquait pas d'observations sur la nature féminine. Arrivé à un âge auquel on ne voit plus les choses que du fond de la fosse, il parlait de lui-même comme s'il eût été question de Marc-Antoine ou de Cléopâtre.

— Mon jeune ami, (me fit-il l'honneur de me dire, car c'était moi qui avais clos la discussion,) vos réflexions me rappellent une soirée où l'un de mes amis se conduisit de manière à perdre pour toujours l'estime de sa femme. Or dans ce temps-là une femme se vengeait avec une merveilleuse facilité, et il n'y avait pas loin de la coupe à la bouche. Mes époux couchaient précisément dans deux lits séparés, mais réunis sous le ciel d'une même alcôve. Ils rentraient d'un bal très-brillant donné par le comte de Mercy, ambassadeur de l'Empereur. Le mari avait perdu une assez forte somme au jeu, de manière qu'il était complètement absorbé par ses réflexions. Il s'agissait de payer six mille écus le lendemain!... et, tu t'en souviens, Nocé, l'on n'aurait pas quelquefois trouvé cent écus en rassemblant les ressources de dix mousquetaires....... La jeune femme, comme cela ne manque jamais d'arriver dans ces cas-là, était d'une gaîté désespérante.

— Donnez à monsieur le marquis, dit-elle au valet de chambre, tout ce qu'il faut pour sa toilette.

Dans ce temps-là l'on s'habillait pour la nuit. Ces paroles assez extraordinaires ne tirèrent point mon mari de sa léthargie. Alors voilà madame qui, aidée de sa femme de chambre, se met à faire mille coquetteries.

— Étais-je à votre goût ce soir?.. demanda-t-elle.

— Vous me plaisez toujours!... répondit le marquis en continuant de se promener de long en large.

— Vous êtes bien sombre!.... Parlez-moi donc, beau ténébreux?.. dit-elle en se plaçant devant lui, dans le négligé le plus séduisant.

Mais vous n'aurez jamais une idée de toutes les sorcelleries de la marquise, il faudrait l'avoir connue... — Eh! c'est une femme que tu as vue, Nocé?... dit-il avec un sourire assez railleur. Enfin, malgré sa finesse et sa beauté, toutes ses malices échouèrent devant les six mille écus qui ne sortaient pas de la tête de cet imbécille de mari, et elle se mit au lit toute seule. Mais les femmes ont toujours une bonne provision de ruses; aussi, au moment où mon homme fit mine de monter dans son lit la marquise de s'écrier :

— Oh! que j'ai froid!....

— Et moi aussi! reprit-il. Mais comment nos gens ne bassinent-ils pas nos lits!.... Et voilà que je sonne.....

Le comte de Nocé ne put s'empêcher de rire, et le vieux marquis interdit s'arrêta.

Ne pas deviner les désirs d'une femme, ronfler quand elle veille, être en Sibérie quand elle est sous le Tropique, ce sont les moindres inconvéniens des lits jumeaux. Que ne hasardera pas une femme passionnée quand elle aura reconnu que son mari a le sommeil dur?...

Je crois devoir au plus prestigieux de nos poètes modernes, au peintre de la reine Caroline, une anecdote italienne, à laquelle son jeu magique et la coquetterie de son débit prêtèrent un charme infini, quand il me la raconta comme un exemple de hardiesse féminine.

Ludovico a son palais à un bout de la ville

de Milan, à l'autre est celui de la comtesse Pernetti. A minuit, au péril de sa vie, Ludovico, ré-
solu à tout braver pour contempler, pendant
une seconde, un visage adoré, s'introduit dans le
palais de sa bien-aimée, comme par magie. Il
arrive auprès de la chambre nuptiale. Elisa
Pernetti, dont le cœur a partagé peut-être
le désir de son amant, entend le bruit de
ses pas et reconnaît la démarche. Elle voit
à travers les murs une figure enflammée
d'amour. Elle se lève du lit conjugal. Aussi
légère qu'une ombre, elle atteint le seuil de la
porte, embrasse d'un regard Ludovico tout
entier, lui saisit la main, lui fait un signe,
l'entraîne :

— Mais il te tuera?..... dit-il.

— Peut-être.

Mais tout cela n'est rien. Accordons à beaucoup de maris un sommeil léger. Accordons-
leur de dormir sans ronfler et de toujours
deviner sous quel degré de latitude se trouveront leurs femmes ?... Bien plus, toutes les
raisons que nous avons données pour con-
damner les lits jumeaux seront, si l'on veut,
d'un faible poids. Eh bien, une dernière con-

sidération doit faire proscrire l'usage des lits réunis dans l'enceinte d'une même alcôve.

Dans la situation où se trouve un mari, nous avons considéré le lit nuptial comme un moyen de défense. C'est au lit seulement qu'il peut savoir chaque nuit si l'amour de sa femme croît ou décroît. Là est le baromètre conjugal. Or, coucher dans deux lits jumeaux, c'est vouloir tout ignorer. Vous apprendrez, quand il s'agira de la *Guerre civile* (voir la troisième partie), de quelle incroyable utilité est un lit, et combien de secrets une femme y révèle involontairement.

Ainsi ne vous laissez jamais séduire par la fausse bonhomie des lits jumeaux.

C'est l'invention la plus sotte, la plus perfide, et la plus dangereuse qui soit au monde. Honte et anathême à qui l'imagina !

Mais autant cette méthode est pernicieuse aux jeunes époux, autant elle est salutaire et convenable pour ceux qui atteignent la vingtième année de leur mariage. Le mari et la femme font alors bien plus commodément les duos que nécessitent leurs catarrhes respectifs. Ce sera quelquefois à la plainte que leur arrachent, soit un rhumatisme, soit une goutte opiniâtre ou même à la demande d'une prise de tabac qu'ils pourront devoir les laborieux bienfaits d'une nuit animée par un reflet de leurs premières amours, si toutefois la toux n'est pas inexorable.

Nous n'avons pas jugé à propos de mentionner les exceptions qui, parfois, autorisent un mari à user des deux lits jumeaux. Ce sont des calamités à subir. Cependant l'opinion de Bonaparte était qu'une fois qu'il y avait en *échange d'âme et de transpiration* (ce sont ses paroles), rien, pas même la maladie, ne devait séparer les époux. Cette matière est trop délicate pour qu'il soit possible de la soumettre à des principes.

Quelques têtes étroites pourront objecter aussi qu'il existe plusieurs familles patriarchales dont la jurisprudence érotique est inébranlable sur l'article des alcôves à deux lits, et qu'on y est heureux *de père en fils*. Mais, pour toute réponse, l'auteur déclare qu'il connaît beaucoup de gens très-respectables qui passent leur vie à aller voir jouer au billard.

Ce mode de coucher doit donc être désormais jugé par tous les bons esprits, et nous allons passer à la seconde manière dont s'organise une couche nuptiale.

§ II.

DES CHAMBRES SÉPARÉES.

Il n'existe pas en Europe cent maris, par nation, qui possèdent assez bien la science du Mariage ou de la Vie si l'on veut, pour pouvoir habiter un appartement séparé de celui de leurs femmes.

Savoir mettre en pratique ce système!...... c'est le dernier degré de la puissance intellectuelle et virile.

Deux époux qui habitent des appartemens

séparés ont, ou divorcé, ou su trouver le bonheur. Ils s'exècrent ou s'adorent.

Nous n'entreprendrons pas de déduire ici les admirables préceptes de cette théorie, dont le but est de rendre la constance et la fidélité une chose facile et délicieuse. Cette réserve est respect et non pas impuissance en l'auteur. Il lui suffit d'avoir proclamé que, par ce système seul, deux époux peuvent réaliser les rêves de tant de belles âmes : il sera compris de tous les fidèles.

Quant aux profanes?... Il aura bientôt fait justice de leurs interrogations curieuses, en leur disant que le but de cette institution est de donner le bonheur à une seule femme. Quel est celui d'entre eux qui voudrait priver la société de tous les talens dont il se croit doué, au profit de qui ?.. d'une femme !... Cependant rendre sa compagne heureuse, est le plus beau titre de gloire à produire à la vallée de Josaphat, puisque, selon la Genèse, Eve n'a pas été satisfaite du paradis terrestre. Elle y a voulu goûter le fruit défendu, éternel emblème de l'adultère.

Mais il existe une raison péremptoire qui nous interdit de développer cette brillante

théorie. Elle serait un hors d'œuvre en cet ouvrage. Dans la situation où nous avons supposé
que se trouvait un ménage, l'homme assez imprudent pour coucher loin de sa femme, ne
mériterait même pas de pitié, pour un malheur
qu'il aurait appelé.

Résumons-nous donc.

Tous les hommes ne sont pas assez puissans
pour entreprendre d'habiter un appartement
séparé de celui de leurs femmes; tandis que
tous les hommes peuvent se tirer tant bien
que mal des difficultés qui existent à ne faire
qu'un seul lit.

Nous allons donc nous occuper de résoudre
les difficultés que des esprits superficiels pourraient apercevoir dans ce dernier mode pour
lequel notre prédilection est visible.

Mais que ce paragraphe en quelque sorte
muet, abandonné par nous aux commen-
taires de plus d'un ménage, serve de piédes-
tal à la figure imposante de Lycurgue, celui
des législateurs antiques auquel les Grecs du-
rent les pensées les plus profondes sur le mariage. Puisse son système être compris par
les générations futures ! Et si les mœurs mo-

dernes comportent trop de mollesse pour l'adopter tout entier, que du moins elles s'imprègnent du robuste esprit de cette admirable législation.

§ III.

D'UN SEUL ET MÊME LIT.

Par une nuit du mois de décembre, le grand Frédéric, ayant contemplé le ciel dont toutes les étoiles distillaient cette lumière vive et pure qui annonce un grand froid, s'écria :

— Voilà un temps qui vaudra bien des soldats à la Prusse !....

Le roi exprimait là, dans une seule phrase, l'inconvénient principal que présente la cohabitation constante des époux. Permis à Napoléon et à Frédéric, d'estimer plus ou moins

une femme suivant le nombre de ses enfans;
mais un mari de talent doit, d'après les maximes de la Méditation XIIIe, ne considérer la
fabrication d'un enfant que comme un moyen
de défense, et c'est à lui à savoir s'il est nécessaire de le prodiguer.

Cette observation mène à des mystères auxquels la Muse Physiologique doit se refuser. Elle
a bien consenti à entrer dans les chambres
nuptiales quand elles sont inhabitées; mais,
vierge et prude, elle rougit à l'aspect des jeux
de l'amour.

Puisque c'est, à cet endroit du livre, que la
Muse s'avise de porter de blanches mains à
ses yeux pour ne plus rien voir, comme une
jeune fille, qu'à travers les interstices ménagés entre ses doigts effilés, elle profitera de
cet accès de pudeur pour faire une répri-
mande à nos mœurs.

En Angleterre, la chambre nuptiale est un
lieu sacré. Les deux époux seuls ont le privilège d'y entrer; et même, plus d'une lady
fait, dit-on, son lit elle-même. De toutes les
manies d'outre-mer, pourquoi la seule que
nous ayons dédaignée, est-elle précisément

celle dont la grâce et le mystère auraient dû plaire à toutes les âmes tendres du continent. Les femmes délicates condamnent l'impudeur avec laquelle on introduit, en France, les étrangers dans le sanctuaire du Mariage. Pour nous, qui avons énergiquement anathématisé les femmes qui promènent leur grossesse avec emphase, notre opinion n'est pas douteuse. Si nous voulons que le Célibat respecte le Mariage, il faut aussi que les gens mariés aient des égards pour l'inflammabilité des garçons.

Coucher toutes les nuits avec sa femme peut paraître, il faut l'avouer, l'acte de la fatuité la plus insolente.

Bien des maris vont se demander comment un homme, qui a la prétention de perfectionner le mariage, ose prescrire à un époux un régime qui serait la perte d'un amant.

Cependant telle est la décision du docteur ès-arts et sciences conjugales.

D'abord, à moins de prendre la résolution de ne jamais coucher chez soi, ce parti est le seul qui reste à un mari, puisque nous avons démontré les dangers des deux systèmes précédens. Nous devons donc essayer de prouver

que cette dernière manière de se coucher offre plus d'avantages et moins d'inconvéniens,
que les deux premières, relativement à la
crise dans laquelle se trouve un ménage.

Nos observations sur les lits jumeaux ont dû
apprendre aux maris, qu'ils sont en quelque
sorte obligés d'être toujours montés au degré
de chaleur qui régit l'harmonieuse organisation de leurs femmes : or il nous semble
que cette parfaite égalité de sensations, doit
s'établir assez naturellement sous la blanche
égide qui les couvre de son lin protecteur; et
c'est déjà un immense avantage.

En effet, rien n'est plus facile que de vérifier
à toute heure le degré d'amour et d'expansion
auquel une femme arrive, quand le même
oreiller reçoit les têtes de deux époux.

L'homme, (nous parlons ici de l'espèce,)
marche avec un bordereau, toujours fait, qui
accuse net et sans erreur la somme de sensua-
lité, dont il est porteur. Ce mystérieux *guno-
mètre* est tracé dans le creux de la main. La
main est effectivement celui de nos organes qui
traduit le plus immédiatement nos affections
sensuelles. La *Chirologie* est un cinquième

ouvrage que je lègue à mes successeurs; car je me contenterai de n'en faire apercevoir ici que les élémens utiles à mon sujet.

La main est l'instrument essentiel du toucher; or le toucher est le sens qui remplace le moins imparfaitement tous les autres, par lesquels il n'est jamais suppléé. La main ayant, seule, exécuté tout ce que l'homme a conçu jusqu'ici, elle est en quelque sorte *l'Action* même. La somme entière de notre force passe par elle, et il est à remarquer que les hommes, à puissante intelligence, ont presque tous eu de belles mains dont la perfection est le caractère distinctif d'une haute destinée. Jésus-Christ a fait tous ses miracles par l'imposition des mains. La main transsude la vie, et partout où elle se pose, elle laisse des traces d'un pouvoir magique; aussi est-elle de moitié dans tous les plaisirs de l'amour. Elle accuse au médecin tous les mystères de notre organisme. Elle exhale, plus qu'aucune autre partie du corps, les fluides nerveux ou la substance inconnue qu'il faut appeler *volonté*, à défaut d'autre terme. L'œil peut peindre l'état de notre âme; mais la main trahit tout à la fois

les secrets du corps et ceux de la pensée.
Nous acquérons la faculté d'imposer silence à
nos yeux, à nos lèvres, à nos sourcils et au
front; mais la main ne dissimule pas, et rien
dans nos traits ne saurait lui être comparé
pour la richesse de l'expression. Le froid et
le chaud dont elle est passible ont de si imperceptibles nuances, qu'elles échappent aux sens
des gens irréfléchis; mais un homme sait les distinguer, pour peu qu'il se soit adonné à l'anato-
mie des sentimens et des choses de la vie humaine. Ainsi, la main a mille manières d'être
sèche, humide, brûlante, glacée, douce, rè-
che, onctueuse. Elle palpite, elle se lubrifie,
s'endurcit, s'amollit. Enfin, elle offre un phénomène inexplicable qu'on est tenté de nommer l'*incarnation de la pensée*. Elle fait le désespoir du sculpteur et du peintre, quand ils
veulent exprimer le changeant dédale de ses
mystérieux linéamens. Tendre la main à un
homme, c'est le sauver. Elle sert de gage à tous
nos sentimens. De tout temps les sorcières ont
voulu lire nos destinées futures dans ses lignes
fantastiques. En accusant un homme de manquer de tact, une femme le condamne sans

retour. On dit enfin : la main de justice, la main de Dieu.

Apprendre à connaître les sentimens par les variations atmosphériques de la main que, presque toujours, une femme abandonne sans défiance, est une étude moins ingrate et plus sûre que celle de la physionomie.

Ainsi vous pouvez, en acquérant cette science, vous armer d'un grand pouvoir, et vous aurez un fil qui vous guidera dans le labyrinthe des cœurs les plus impénétrables. Voilà votre co-habitation acquittée de bien des fautes, et riche de bien des trésors.

Maintenant, croyez-vous de bonne foi que vous êtes obligé d'être un Hercule, parce que vous couchez tous les soirs avec votre femme?.. Niaiserie! Dans la situation où il se trouve, un mari adroit possède bien plus de ressources pour se tirer d'affaire, que madame de Maintenon n'en avait, quand elle était obligée de remplacer un service par la narration d'une histoire!

Buffon et quelques physiologistes préten-dent que nos organes sont beaucoup plus fa-tigués par le désir que par les jouissances les plus vives. En effet, le désir ne constitue-t-il pas une sorte de possession intuitive? N'est-il pas à l'action visible, ce que les accidens de la vie intellectuelle dont nous jouissons pendant le sommeil, sont aux événemens de notre vie matérielle. Cette énergique *appréhension* des choses ne nécessite-t-elle pas un mouvement intérieur plus puissant que ne l'est celui du fait extérieur. Si nos gestes ne sont que la manifestation d'actes accomplis déjà par notre pensée, jugez combien des désirs souvent répétés doivent consommer de fluides vitaux. Mais les passions, qui ne sont que des masses de désirs, ne sillonnent-elles pas de leurs foudres les figures des ambitieux, des joueurs, et n'en usent-elles pas les corps avec une merveilleuse promptitude.

Alors ces observations doivent contenir les germes d'un mystérieux système également protégé de Platon et d'Epicure. Nous l'abandonnons à vos méditations, couvert du voile des statues égyptiennes.

Mais la plus grande erreur que puissent commettre les hommes, est de croire que l'amour ne réside que dans ces momens fugitifs qui,

selon la magnifique expression de Bossuet,
ressemblent, dans notre vie, à des clous semés
sur une muraille : ils paraissent nombreux à
l'œil, mais qu'on les rassemble, ils tiendront
dans la main.

L'amour se passe presque toujours en conversations. Il n'y a qu'une seule chose d'inépui-
sable chez un amant, c'est la bonté, la grâce et
la délicatesse. Tout sentir, tout deviner, tout
prévenir ; faire des reproches sans affliger la
tendresse ; désarmer un présent de tout orgueil ; doubler le prix d'un procédé par des
formes ingénieuses ; mettre la flatterie dans les
actions et non en paroles ; se faire entendre
plutôt que de saisir vivement ; toucher sans
frapper ; mettre de la caresse dans les regards
et jusques dans le son de la voix ; ne jamais embar-
rasser ; amuser sans offenser le goût ; toujours
chatouiller le cœur ; parler à l'âme... Voilà tout
ce que les femmes demandent. Elles abandon-
neront les bénéfices de toutes les nuits de Mes-
saline pour vivre avec un être qui leur prodi-
guera ces caresses d'âme dont elles sont si
friandes, et qui ne coûtent rien aux hommes,
si ce n'est un peu d'attention.

Ces lignes renferment la plus grande partie des secrets du lit nuptial. Il y a peut-être des plaisans qui prendront cette longue définition de la politesse pour celle de l'amour, tandis que ce n'est, à tout prendre, que la recommandation de traiter votre femme comme vous traiteriez le ministre de qui dépend la place que vous convoitez.

J'entends des milliers de voix crier, que cet ouvrage plaide plus souvent la cause des femmes que celle des maris;

Que la plupart des femmes sont indignes de ces soins délicats et qu'elles en abuseraient;

Qu'il y a des femmes portées au libertinage, lesquelles ne s'accommoderaient pas beaucoup de ce qu'elles appelleraient des mystifications;

Qu'elles sont toute vanité et ne pensent qu'aux chiffons;

Qu'elles ont des entêtemens vraiment inexplicables;

Qu'elles se fâcheraient quelquefois d'une attention;

Qu'elles sont sottes, ne comprennent rien, ne valent rien, etc.

En réponse à toutes ces clameurs nous inscrirons ici cette phrase qui, mise entre deux lignes blanches, aura peut-être l'air d'une pensée, pour nous servir d'une expression de Beaumarchais.

APHORISME.

—

La femme est pour son mari, ce que son mari l'a faite.

—

Avoir un truchement fidèle qui traduise avec une vérité profonde les sentimens d'une femme, la rendre l'espion d'elle-même, se tenir à la hauteur de sa température en amour, ne pas la quitter, pouvoir écouter son sommeil, éviter tous les contre-sens qui perdent tant de mariages sont les raisons qui doivent faire triompher le lit unique sur les deux autres modes d'organiser la couche nuptiale.

Comme il n'existe pas de bienfait sans charge,

vous êtes tenu de savoir dormir avec élégance, de conserver de la dignité sous le madras, d'être poli, d'avoir le sommeil léger, de ne pas trop tousser et d'imiter les auteurs modernes qui font plus de préfaces que de livres.

MÉDITATION

XVIII.

DES RÉVOLUTIONS CONJUGALES.

Il arrive toujours un moment où les peuples et les femmes, même les plus stupides, s'aperçoivent qu'on abuse de leur innocence. La politique la plus habile peut bien tromper long-temps; mais les hommes seraient trop heureux si elle pouvait tromper toujours : il y aurait bien du sang d'épargné chez les peuples et dans les ménages.

Cependant espérons que les moyens de défense, consignés dans les Méditations précédentes, suffiront à une certaine quantité de maris, pour se tirer des pattes du Minotaure !

Oh ! accordez au docteur que plus d'un amour, sourdement conspiré, périra sous les coups de l'Hygiène, ou s'amortira grâces à la Politique Maritale. Oui, (erreur consolante !) plus d'un amant sera chassé par les Moyens Personnels, plus d'un mari saura couvrir d'un voile impénétrable les ressorts de son machiavélisme, et plus d'un homme réussira mieux que l'ancien philosophe qui s'écria : — « *Nolo coronari !* »

Mais, nous sommes malheureusement forcés de reconnaître une triste vérité. Le despotisme a sa sécurité : elle est semblable à cette heure qui précède les orages et dont le silence permet au voyageur, couché sur l'herbe jaunie, d'entendre à un mille de distance le chant d'une cigale. Un matin donc, une femme honnête, et la plus grande partie des nôtres l'imitera, découvre d'un œil d'aigle les savantes manœuvres dont son mari l'aura rendue victime. Elle est d'abord toute furieuse d'avoir eu si long-temps de la vertu. A quel âge, à quel jour se fera cette terrible révolution ?..... Cette question de chronologie dépend entièrement du génie de chaque mari, car tous ne sont pas appelés à mettre en œuvre avec le même talent, les préceptes de notre évangile conjugal.

— Il faut aimer bien peu, s'écriera l'épouse mystifiée, pour se livrer à de semblables calculs!.... Quoi! depuis le premier jour, il m'a toujours soupçonnée!..... C'est monstrueux, une femme ne serait pas capable d'un art aussi cruellement perfide!

Voilà le thême. Chaque mari peut deviner les variations qu'y apportera le caractère de la jeune Euménide dont il aura fait sa compagne.

Alors une femme ne s'emporte pas. Elle se tait et dissimule. Sa vengeance sera mystérieuse. Seulement, vous n'aviez que ses hésitations à combattre depuis la crise où nous avons supposé que vous arriviez à l'expiration de la Lune de Miel; tandis que maintenant vous aurez à lutter contre une résolution. Elle a décidé de se venger. Dès ce jour, pour vous, son masque est de bronze comme son cœur. Vous lui étiez indifférent, vous allez lui devenir insensiblement insupportable. La guerre civile ne commencera qu'au moment où, semblable à la goutte d'eau qui fait déborder un verre plein, un événement, dont il est impossible de déterminer le plus ou le moins de gravité, vous aura rendu odieux. Le laps de temps qui doit s'écouler entre cette heure dernière, terme fatal de votre bonne intelligence, et le jour où votre femme s'est aperçue de vos menées, est cependant assez considérable pour vous permettre d'exécuter une série de moyens de défense que nous allons développer.

Jusqu'ici vous n'avez protégé votre honneur que par les jeux d'une puissance entièrement occulte. Désormais les rouages de vos machines conjugales seront à jour. Là où vous préveniez naguères le crime, maintenant il faudra frapper. Vous avez débuté par négocier, et vous finissez par monter à cheval,

sabre en main, comme un gendarme de Paris.
Vous ferez caracoler votre coursier, vous bran-
direz votre sabre, vous crierez à tue-tête et vous
tâcherez de dissiper l'émeute sans blesser personne.

De même que l'auteur a dû trouver une
transition pour passer des moyens occultes
aux moyens patens, de même il est nécessaire à un mari de justifier le changement assez brusque de sa politique; car en mariage
comme en littérature l'art est tout entier dans
la grâce des transitions.

Pour vous, celle-ci est de la plus haute importance. Dans quelle affreuse position ne
vous placeriez-vous pas, si votre femme avait
à se plaindre de votre conduite en ce moment
le plus critique peut-être de la vie conjugale?..

Il faut donc trouver un moyen de justifier la
tyrannie secrète de votre première politique;
un moyen qui prépare l'esprit de votre femme
à l'acerbité des mesures que vous allez prendre; un moyen qui, loin de vous faire perdre
son estime, vous la concilie; un moyen qui
vous rende digne de pardon, qui vous restitue
même quelque peu de ce charme par lequel

vous la séduisiez avant votre mariage?.....

Mais à quelle politique demander cette dernière ressource?.......

Existerait-elle?...—Oui.

Mais quelle adresse, quel tact, quel art de la scène, un mari ne doit-il pas posséder pour déployer les richesses mimiques du trésor que nous allons lui ouvrir. Pour jouer la passion dont le feu va vous renouveler, il faut toute la profondeur de Talma!...........

Cette passion est la JALOUSIE.

—Mon mari est jaloux. Il l'était dès le commencement de mon mariage..... Il me cachait ce sentiment par un raffinement de délicatesse. Il m'aime donc encore?.......Je vais pouvoir le mener!......

Voilà les découvertes qu'une femme doit faire sucessivement, d'après les adorables scènes de la comédie que vous vous amuserez à jouer; et il faudrait qu'un homme du monde fût bien sot, pour ne pas réussir à faire croire à une femme ce qui la flatte.

Avec quelle perfection d'hypocrisie ne devez-vous pas coordonner les actes de votre conduite de manière à éveiller la curiosité de votre femme, à l'occuper d'une étude nouvelle, à la promener dans le labyrinthe de vos pensées?....

Acteurs sublimes, devinez-vous les réticences diplomatiques, les gestes rusés, les paroles mystérieuses, les regards à double flamme qui amèneront un soir votre femme à essayer de vous arracher le secret de votre passion.

Oh! rire dans sa barbe en faisant des yeux de tigre; ne pas mentir et ne pas dire la vérité; se saisir de l'esprit capricieux d'une femme, et lui laisser croire qu'elle vous tient quand vous allez la serrer dans un collier de fer!..... Oh, comédie sans public, jouée de cœur à cœur et où vous vous applaudissez tous deux d'un succès incertain!.....

C'est elle, qui vous apprendra que vous êtes jaloux; qui vous démontrera qu'elle vous connaît mieux que vous ne vous connaissez vous-même; qui vous prouvera l'inutilité de vos ruses, qui vous défiera peut-être. Elle triomphe avec ivresse de la supériorité qu'elle croit avoir sur vous; vous vous ennoblissez à ses yeux; car elle trouve votre conduite toute naturelle. Seulement votre défiance était inutile : si elle voulait vous trahir, qui l'en empêcherait?...

Puis un soir la passion vous emportera, et trouvant un prétexte dans une bagatelle, vous ferez une scène, pendant laquelle votre colère vous arrachera le secret des extrémités auxquelles vous arriverez. Voilà la promulgation de notre nouveau code.

Ne craignez pas qu'une femme se fâche, elle a besoin de votre jalousie. Elle appellera même vos rigueurs. D'abord parce qu'elle y cherchera la justification de sa conduite; puis elle trouvera d'immenses bénéfices à jouer dans le monde le rôle d'une victime : n'aura-t-elle pas de délicieuses commisérations à recueillir? Ensuite elle s'en fera une arme contre vous-même, espérant s'en servir pour vous attirer dans un piége.

Elle y voit indistinctement mille plaisirs de plus dans l'avenir de ses trahisons, et son imagination sourit à toutes les barrières dont vous allez l'entourer : ne faudra-t-il pas les sauter?

La femme possède mieux que nous, l'art d'analyser les deux sentimens humains dont elle s'arme contre nous ou dont elle est victime. Elles ont l'instinct de l'amour, parce qu'il est toute leur vie, et de la jalousie parce que c'est à peu près le seul moyen qu'elles aient de nous gouverner. Chez elles la jalousie est un sentiment vrai, il est produit par l'instinct de la conservation; il renferme l'alternative de vivre ou mourir. Mais chez l'homme, cette affection presque indéfinissable est toujours un contresens quand il ne s'en sert pas comme d'un moyen.

Avoir de la jalousie pour une femme dont on est aimé constitue de singuliers vices de raisonnement. Nous sommes aimés ou nous ne le sommes pas : placée à ces deux extrêmes, la jalousie est un sentiment inutile en l'homme. Elle ne s'explique peut-être pas plus que la peur, et peut-être la jalousie est-elle la peur en amour. Mais ce n'est pas douter de sa femme, c'est douter de soi-même.

Etre jaloux, c'est tout à la fois le comble de l'égoïsme, l'amour-propre en défaut, et l'irritation d'une fausse vanité. Les femmes entretiennent avec un soin merveilleux ce sentiment ridicule, parce qu'elles leur doivent des cachemires, l'argent de leur toilette, des diamans; et que pour elles, c'est le thermomètre de leur puissance. Aussi, si vous ne paraissiez pas aveuglé par la jalousie, votre femme se tiendrait sur ses gardes; car il n'existe qu'un seul piége dont elle ne se défiera pas, c'est celui qu'elle se tendra elle-même.

Ainsi une femme doit devenir facilement la dupe d'un mari assez habile pour donner à l'inévitable révolution qui se fait tôt ou tard en elle, la savante direction que nous venons d'indiquer.

Alors vous transporterez dans votre ménage ce singulier phénomène dont la géométrie nous a démontré l'existence dans les asymptotes. Votre femme tendra toujours à vous minotauriser, sans y parvenir. Semblable à ces nœuds qui ne se serrent jamais si fortement que quand on les dénoue, elle travaillera dans l'intérêt de votre pouvoir, en croyant travailler à son indépendance.

Le dernier degré du *bien-jouer* chez un prince est de persuader à son peuple qu'il se bat pour lui, quand il le fait tuer pour son trône.

Mais bien des maris trouveront une difficulté primitive à l'exécution de ce plan de campagne. Si la dissimulation de la femme est profonde, à quels signes reconnaître le moment où

elle apercevra les ressorts de la longue mys-
tification dont elle aura été victime.

D'abord la Méditation de la Douane et la
Théorie du lit ont déjà développé plusieurs
moyens de deviner la pensée féminine; mais
nous n'avons pas la prétention d'épuiser dans
ce livre toutes les ressources de l'esprit humain. Elles sont immenses. En voici une preuve.
Le jour des Saturnales, les Romains décou-
vraient plus de choses, sur le compte de leurs
esclaves, en dix minutes, qu'ils n'en pouvaient
apprendre pendant le reste de l'année! Il faut
savoir créer des Saturnales dans votre ménage,
et imiter Gessler qui, après avoir vu Guillaume
Tell abattre la pomme sur la tête de son enfant,
a dû se dire :

— Voilà un homme dont il faut se défaire,
car il ne me manquerait pas, s'il voulait me
tuer.

Vous comprenez que si votre femme veut
boire du vin de Roussillon, manger des filets
de mouton, sortir à toute heure, et lire l'En-
cyclopédie, vous l'y engagerez de la manière
la plus pressante. D'abord elle entrera en défiance contre ses propres désirs en vous voyant

agir en sens inverse de tous vos systèmes précédens. Elle supposera un intérêt imaginaire
à ce revirement de politique, et, alors tout ce
que vous lui donnerez de liberté l'inquiétera
de manière à l'empêcher d'en jouir. Quant aux
malheurs que pourrait amener ce changement,
l'avenir y pourvoira. En révolution, le premier de tous les principes est de diriger le mal
qu'on ne saurait empêcher, et d'appeler la
foudre par des paratonnerres, pour la conduire
dans un puits.

Enfin le dernier acte de la comédie se prépare. L'amant qui, depuis le jour où le plus
faible de tous les *premiers symptômes* s'est
déclaré chez votre femme jusqu'au moment
où la *révolution conjugale* s'opère, a voltigé
soit comme figure matérielle, soit comme être
de raison, L'AMANT, appelé d'un signe par elle,
a dit : — Me voilà.

MÉDITATION

XIX.

DE L'AMANT.

Nous offrons les maximes suivantes à vos méditations.

Il faudrait désespérer de la race humaine, si elles n'avaient été faites qu'en 1830; mais elles établissent d'une manière si catégorique les rapports et les dissemblances qui existent

entre vous, votre femme et un amant, elles
doivent éclairer si brillamment votre politique,
et vous accuser si juste les forces de l'ennemi
que le Magister a fait toute abnégation d'a-
mour-propre, et si, par hasard, il s'y trouvait
une seule pensée neuve, mettez-la sur le compte
du diable qui conseilla l'ouvrage.

I.

Parler d'amour, c'est faire l'amour.

II.

Chez un amant, le désir le plus vulgaire se
produit toujours comme l'élan d'une admiration consciencieuse.

III.

Un amant a toutes les qualités et tous les
défauts qu'un mari n'a pas.

IV.

Un amant ne donne pas seulement la vie à
tout, il fait aussi oublier la vie : le mari ne donne
la vie à rien.

V.

Toutes les singeries de sensibilité qu'une femme fait, abusent toujours un amant; et, là où un mari hausse nécessairement les épaules, un amant admire.

VI.

Un amant ne trahit que par ses manières, le degré d'intimité auquel il est arrivé avec une femme mariée.

VII.

Une femme ne sait pas toujours pourquoi elle aime. Il est rare qu'un homme n'ait pas un intérêt à aimer. Un mari doit trouver cette secrète raison d'égoïsme; car elle sera pour lui le levier d'Archimède.

VIII.

Un mari de talent ne suppose jamais ouvertement que sa femme a un amant.

IX.

Un amant obéit à tous les caprices d'une femme; et, comme un homme n'est jamais vil dans les bras de sa maîtresse, il emploiera pour lui plaire des moyens qui souvent répugnent à un mari.

X.

Un amant apprend à une femme tout ce qu'un mari lui a caché.

XI.

Toutes les sensations qu'une femme apporte à son amant, elle les échange; elles lui reviennent toujours plus fortes; elles sont aussi riches de ce qu'elles ont donné que de ce qu'elles ont reçu. C'est un commerce où presque tous les maris finissent par faire banqueroute.

XII.

Un amant ne parle à une femme que de ce qui peut la grandir, tandis qu'un mari, même

en aimant, ne peut se défendre de donner
des conseils, qui ont toujours un air de
blâme.

XIII.

Un amant procède toujours de sa maîtresse
à lui, c'est le contraire chez les maris.

XIV.

Un amant a toujours le désir de paraître aimable. Il y a dans ce sentiment un principe
d'exagération qui mène au ridicule, et dont il
faut savoir profiter.

XV.

Quand un crime est commis, le juge d'instruction sait (sauf le cas d'un forçat libéré qui
assassine au hasard) qu'il n'existe pas plus de
cinq personnes auxquelles il puisse attribuer
le coup. Il part de là pour établir ses conjec-
tures. Un mari doit raisonner comme le juge :
il n'a pas trois personnes à soupçonner dans
la société, quand il veut chercher quel est l'a-
mant de sa femme.

XVI.

Un amant n'a jamais tort.

XVII.

L'amant d'une femme mariée vient lui dire :
— Madame, vous avez besoin de repos. Vous
avez à donner l'exemple de la vertu à vos enfans. Vous avez juré de faire le bonheur d'un
mari qui, à quelques défauts près, (et j'en ai
plus que lui) mérite votre estime. Eh bien, il
faut me sacrifier votre famille et votre vie,
parce que j'ai vu que vous aviez une jolie
jambe. Qu'il ne vous échappe même pas un
murmure ; car un regret est une offense que
je punirais d'une peine plus sévère que celle
dont la loi menace les épouses adultères. Pour
prix de ces sacrifices, je vous apporte autant
de plaisirs que de peines. — Chose incroyable,
un amant triomphe !.. La forme qu'il donne à
son discours, fait tout passer. Il ne dit jamais
qu'un mot :— J'aime. Un amant est un hérault
qui proclame ou le mérite, ou la beauté, ou
l'esprit d'une femme. Que proclame un mari ?...

Somme toute, l'amour qu'une femme mariée inspire ou celui qu'elle ressent, est le sentiment le moins flatteur qu'il y ait au monde : chez elle, c'est une immense vanité; chez son amant, c'est égoïsme. L'amant d'une femme mariée contracte trop d'obligations, pour qu'il se rencontre trois hommes par siècle qui daignent s'acquitter ; il devrait consacrer toute sa vie à sa maîtresse qu'il finit toujours par abandonner : l'un et l'autre le savent, et depuis que les sociétés existent, l'une a toujours été aussi sublime, que l'autre a été ingrat. Une grande passion excite quelquefois la pitié des juges qui les condamnent; mais où voyez-vous des passions vraies et durables ? Quelle puissance ne faut-il pas à un mari, pour lutter avec succès contre un homme dont les prestiges amènent une femme à se soumettre à de tels malheurs.

—

Nous estimons que, règle générale, un mari peut, en sachant bien employer les moyens de défense que nous avons déjà développés , amener sa femme jusqu'à l'âge de vingt-sept ans, non pas sans qu'elle ait choisi d'amant; mais sans qu'elle ait commis le grand crime. Il se rencontre bien çà et là, des hommes, qui, doués d'un profond génie conjugal, peuvent conserver leurs femmes pour eux seuls, corps et âme, jusqu'à trente ou trente-cinq ans; mais ce sont de ces exceptions qui causent une sorte de scandale, et d'effroi. Ce phénomène n'arrive guère qu'en province, où la vie étant diaphane et les maisons vitrifiées, un homme s'y trouve ainsi armé d'un immense pouvoir. Cette miraculeuse assistance donnée à un mari par les hommes et les choses s'évanouit toujours au milieu d'une ville dont la population monte à deux cent cinquante mille âmes.

Alors, il serait à peu près prouvé que l'âge de trente ans est l'âge critique de la vertu. Ce serait donc à ce moment qu'une femme devient d'une garde si difficile, que, pour réussir à toujours l'enchaîner dans le paradis conjugal, il faut en venir à l'emploi des derniers moyens de défense qui nous restent et que vont dévoiler l'*Essai sur la police, l'Art de rentrer chez soi et les Péripéties.*

MÉDITATION

XX.

ESSAI SUR LA POLICE.

La police conjugale se compose de tous les moyens que vous donnent les lois, les mœurs, la force et la ruse, pour empêcher votre femme d'accomplir les quatre actes qui constituent en quelque sorte la vie de l'amour : s'écrire, se voir, se parler.

La police se combine plus ou moins avec plusieurs des moyens de défense que contiennent les Méditations précédentes. L'instinct seul peut indiquer dans quelles proportions et dans quelles occasions ces divers élémens doivent être employés. Le système entier a quelque chose d'élastique : un mari habile devinera facilement comment il faut le plier, l'étendre, le resserrer. A l'aide de la police, un homme peut amener sa femme à quarante ans, pure de toute faute.

Nous diviserons ce traité de police en cinq paragraphes.

§. I. Des Souricières.

§. II. De la Correspondance.

§. III. Des Espions.

§. IV. L'Index.

§. V. Du Budget.

§ I.

DES SOURICIÈRES.

Malgré la gravité de la crise à laquelle arrive un mari, nous ne supposons pas que l'amant ait complètement acquis *Droit de Bourgeoisie* dans la cité conjugale. Souvent bien des maris se doutent que leurs femmes ont un amant, et ne savent sur qui, des cinq ou six élus, dont nous avons parlé, arrêter leurs soupçons. Cette hésitation provient sans doute d'une infirmité morale, au secours de laquelle le professeur doit venir.

Fouché avait dans Paris trois ou quatre maisons où venaient les gens de la plus haute distinction. Les maîtresses de ces logis lui étaient dévouées, et ce dévouement coûtait d'assez fortes sommes à l'état. Il nommait ces sociétés dont personne ne se défia, dans le temps, ses *Souricières*. Plus d'une arrestation s'y fit au sortir d'un bal où la plus brillante compagnie de Paris avait été complice de l'oratorien.

L'art de présenter quelques fragmens de noix grillée, afin de voir votre femme avancer sa blanche main dans le piége est très-circonscrit, car une femme est bien certainement sur ses gardes; cependant, nous comptons au moins trois genres de souricières : L'IRRÉSISTIBLE, LA FALLACIEUSE et CELLE A DÉTENTE.

DE L'IRRÉSISTIBLE.

—

Deux maris étant donnés et qui seront A, B, sont supposés vouloir découvrir quels sont les amans de leurs femmes. Nous mettrons le mari

A, au centre d'une table chargée des plus belles pyramides de fruits, de cristaux, de sucreries, de liqueurs, et le mari B. sera sur tel point de ce cercle brillant, qu'il vous plaira de supposer. Le vin de Champagne a circulé, tous les yeux brillent et toutes les langues sont en mouvement.

MARI A. (*Epluchant un marron.*)

Eh bien, moi, j'admire les gens de lettres, mais de loin; car je les trouve insupportables. Ils ont une conversation despotique. Je ne sais ce qui nous blesse le plus, de leurs défauts ou de leurs qualités; car il semble vraiment que la supériorité de l'esprit ne serve qu'à mettre en relief leurs défauts et leurs qualités. Bref!... (*Il gobe son marron.*) Ce sont des élixirs si vous voulez, mais dont il faut user sobrement.

FEMME B. (*Qui était attentive.*)

Mais, monsieur A, vous êtes bien difficile! (*Elle sourit malicieusement.*) Il me semble

que les sots ont tout autant de défauts que les
gens de talent, à cette différence près, qu'ils
ne savent pas se les faire pardonner !.....

MARI A. (*Piqué.*)

Vous conviendrez, au moins, madame, qu'ils
ne sont guère aimables auprès de vous.....

FEMME B. (*Vivement.*)

Qui vous l'a dit ?

MARI A. (*Souriant.*)

Ne vous écrasent-ils pas à toute heure de
leur supériorité? La vanité est si puissante
dans leurs âmes, qu'entre vous et eux, il doit
y avoir double emploi...

LA MAITRESSE de la maison. (*A part à la*
                    FEMME A.)

Tu l'as bien mérité, ma chère.... (*La femme
A. lève les épaules.*)

MARI A. (*Continuant toujours.*)

Puis l'habitude qu'ils ont de combiner des idées leur révélant le mécanisme des sentimens, pour eux, l'amour devient purement physique, et l'on sait qu'ils ne brillent pas.....

FEMME B. (*Se pinçant les lèvres et inter-rompant.*)

Il me semble, monsieur, que nous sommes seules juges de ce procès-là. Mais, je conçois que les gens du monde n'aiment pas les gens de lettres!..Allez, il vous est plus facile de les critiquer que de leur ressembler.

MARI A. (*Dédaigneusement.*)

Oh! madame, les gens du monde peuvent attaquer les auteurs du temps présent, sans être taxés d'envie. Il y a tel homme de salon, qui, s'il écrivait.....

FEMME B. (*Avec chaleur.*)

Malheureusement pour vous, monsieur,

quelques-uns de vos amis de la Chambre ont écrit des romans.... Avez-vous pu les lire ?.... Mais vraiment, aujourd'hui, il faut faire des recherches historiques pour la moindre conception, il faut.....

MARI B. (*Ne répondant plus à sa voisine, et à part.*)

Oh! oh! est-ce que ce serait M. de L. (l'auteur des *Rêves d'une jeune fille*), que ma femme aimerait!..... Cela est singulier, je croyais que c'était le docteur M.... Voyons?... . (*Haut.*) Savez-vous, ma chère, que vous avez raison dans ce que vous dites. (*On rit.*) Vraiment, je préférerai toujours avoir dans mon salon des artistes et des gens de lettres, (*A part:* quand nous recevrons), à y voir des gens d'autres métiers. Au moins les artistes parlent de choses qui sont à peu près à la portée de tous les esprits; car quelle est la personne qui ne se croit pas du goût? Mais les juges, les avocats, les médecins surtout... Ah! j'avoue que les entendre toujours parler procès et maladie, des deux genres d'infirmités humaines qui.....

Femme B. (*Quittant sa conversation avec sa voisine pour répondre à son mari.*)

Ah! les médecins sont insupportables!....

Femme A. (*La voisine du mari B, parlant en même temps.*)

Mais qu'est-ce que vous dites donc là, mon voisin ?.. Vous vous trompez étrangement. Aujourd'hui personne ne veut avoir l'air d'être ce qu'il est: les médecins, puisque vous citez les médecins, s'efforcent toujours de ne pas s'entretenir de l'art qu'ils professent. Ils parlent politique, modes, spectacles, racontent, font des livres mieux que les autres même, et, il y a loin d'un médecin d'aujourd'hui à ceux de Molière.. ..

Mari A. *(A part.)*

Ouais! ma femme aimerait le docteur M..... voilà qui est particulier.(*Haut*) Cela est possible, ma chère, mais je ne donnerais pas mon chien à soigner aux médecins qui écrivent...

FEMME A. (*Interrompant son mari.*)

Cela est injuste, je connais des gens qui ont cinq à six places et en qui le gouvernement paraît avoir assez de confiance; d'ailleurs il est plaisant, M. A, que ce soit vous qui disiez cela, vous, qui faites le plus grand cas du docteur M...

MARI A. (*A part.*)

Plus de doute.

———

LA FALLACIEUSE.

UN MARI (*Rentrant chez lui.*)

Ma chère, nous sommes invités par madame de*** au concert qu'elle donnera mardi prochain. Je comptais y aller pour parler au jeune cousin du ministre qui devait y chanter; mais il est allé à Frouville chez sa tante. Que prétends-tu faire?....

LA FEMME.

Mais les concerts m'ennuient à la mort!......
Il faut rester clouée sur une chaise des heures
entières sans rien dire.... Tu sais bien d'ailleurs que nous dînons ce jour-là chez ma mère,
et qu'il nous est impossible de manquer à lui
souhaiter sa fête.

LE MARI. *(Négligemment.)*

Ah! c'est vrai.

(Trois jours après.)

LE MARI. *(En se couchant.)*

Tu ne sais pas, mon ange? Demain, je te lais-
serai chez ta mère, parce que le comte est
revenu de Frouville, et qu'il sera chez madame de***.

LA FEMME. *(Vivement.)*

Mais pourquoi irais-tu donc tout seul? Voyez
un peu!....

LA SOURICIÈRE A DÉTENTE.

La femme.

Pourquoi vous en allez-vous donc de si bonne heure, ce soir ?.....

Le mari. *(Mystérieusement.)*

Ah! c'est pour une affaire d'autant plus douloureuse, que je ne vois vraiment pas comment je vais faire pour l'arranger !....

La femme.

De quoi s'agit-il donc? — Charles..... tu es un monstre si tu ne me dis pas ce que tu vas faire?....

Le mari.

Ma chère, cet étourdi de Prosper Magnan a un duel avec M. de Fontanges à propos d'une fille d'Opéra...... Qu'as-tu donc?......

La femme.

Rien.... Il fait très-chaud ici. Ensuite je ne sais pas d'où cela peut venir..... mais pendant toute la journée.... il m'a monté des feux au visage.........

Le mari. (*A part.*)

Elle aime M. de Fontanges!.... (*Haut.*) Célestine! (*Il crie plus fort.*) Célestine, accourez donc, madame se trouve mal!...

—

Vous comprenez qu'un mari d'esprit doit trouver mille manières de tendre ces trois espèces de souricières.

<h1 style="text-align:center">§ II.</h1>

<h2 style="text-align:center">DE LA CORRESPONDANCE.</h2>

Ecrire une lettre et la faire jeter à la poste; recevoir la réponse, la lire et la brûler. Voilà la correspondance réduite à sa plus simple expression.

Cependant examinez quelles immenses ressources la civilisation, nos mœurs et l'amour, ont mises à la disposition des femmes, pour soustraire ces actes matériels à la pénétration maritale.

La boîte inexorable qui tend une bouche ouverte à tous venans reçoit sa pâture budgétaire de toutes mains.

Il y a l'invention fatale des *bureaux restans*. Un amant trouve dans le monde cent charitables personnes, masculines ou féminines, qui, à charge de revanche, glisseront le doux billet dans la main amoureuse et intelligente de sa belle maîtresse.

La correspondance est un Protée. Il y a des encres sympathiques, et un jeune célibataire nous a confié avoir écrit une lettre sur la garde blanche d'un livre nouveau qui, demandé au libraire par le mari, est arrivé entre les mains de sa maîtresse prévenue la veille de cette ruse adorable.

La femme amoureuse, qui redoutera la jalousie d'un mari, écrira, lira des billets-doux pendant le temps consacré à ces mystérieuses occupations pendant lesquelles le mari le plus tyrannique est obligé de la laisser libre.

Enfin les amans ont tous l'art de créer une télégraphie particulière dont il est bien difficile de comprendre les capricieux signaux. Au bal, une fleur bizarrement placée dans la coiffure; au spectacle, un mouchoir déplié sur

le devant de la loge; une démangeaison au nez;
la couleur particulière d'une ceinture; un chapeau mis ou ôté; une robe portée plutôt que telle
autre; une romance chantée dans un concert,
ou des notes particulières touchées au piano;
un regard fixé sur un point convenu, tout jusqu'à l'orgue de Barbarie qui passe sous vos fenêtres et s'en va si l'on ouvre une persienne,
jusqu'à l'annonce d'un cheval à vendre insérée
dans le journal, et même jusqu'à *vous*, tout
sera correspondance.

En effet, que de fois une femme aura prié
malicieusement son mari de lui faire telle commission, d'aller à tel magasin, dans telle maison,
en ayant prévenu son amant que votre présence à tel endroit est un oui ou un non.

Ici le professeur avoue à sa honte qu'il
n'existe aucun moyen d'empêcher deux amans
de correspondre. Mais le machiavélisme marital se relève plus fort de cette impuissance
qu'il ne l'a jamais été d'aucun moyen coër-
citif.

Une convention qui doit rester sacrée entre
les époux, est celle par laquelle ils se jurent
l'un à l'autre de respecter le cachet de leurs

lettres respectives. Celui-là est un mari habile, qui consacre ce principe en entrant en ménage, et qui sait y obéir consciencieusement.

En laissant à une femme la liberté la plus illimitée d'écrire et de recevoir des lettres, vous vous ménagez le moyen d'apprendre le moment où elle correspondra avec son amant.

Mais en supposant que votre femme se défiât de vous, et qu'elle couvrît des ombres les plus impénétrables les ressorts qu'elle emploiera pour vous dérober sa correspondance, n'est-ce pas ici le lieu de déployer cette puissance intellectuelle dont nous vous avons armés dans la Méditation de la Douane. L'homme qui ne voit pas quand sa femme a écrit à son amant ou quand elle en a reçu une réponse, est un mari incomplet.

L'étude profonde que vous devez faire des mouvemens, des actions, des gestes, des regards de votre femme, sera peut-être pénible et fatigante, mais elle durera peu; car il ne s'agit que de découvrir quand votre femme et son amant correspondent et de quelle manière.

Nous ne pouvons pas croire qu'un mari, même d'une médiocre intelligence, ne sache pas deviner cette manœuvre féminine, quand il soupçonne qu'elle a lieu.

Maintenant jugez, par une seule aventure, de tous les moyens de police et de répression que vous offre la correspondance.

Un jeune avocat auquel une passion frénétique révéla quelques-uns des principes consacrés dans cette importante partie de notre ouvrage, avait épousé une jeune personne dont il était faiblement aimé (ce qu'il considéra comme un très-grand bonheur); et, au bout d'une seule année de mariage, il s'aperçut que sa chère Anna, (elle s'appelait Anna), aimait le premier commis d'un agent de change.

Adolphe Bodson était un jeune homme de vingt-cinq ans environ, d'une jolie figure, aimant à s'amuser comme tous les célibataires possibles. Il était économe, probe, avait un cœur excellent, montait bien à cheval, parlait spirituellement, tenait de fort beaux cheveux noirs toujours frisés; et sa mise ne manquait pas d'élégance. Bref, il aurait fait honneur et profit à une duchesse. L'avocat était laid, petit, trapu, carré, chafouin et mari. Anna, belle

et grande, avait des yeux fendus en amande,
le teint blanc, et les traits délicats. Elle était
tout amour, et la passion animait son regard
d'une expression magique. Elle appartenait à
une famille pauvre, Maître Lebrun avait douze
mille livres de rente : tout est expliqué.

Un soir, Lebrun rentre chez lui d'un air
visiblement abattu. Il passe dans son cabinet
pour y travailler ; mais il revient aussitôt chez
sa femme en grelotant ; car il a la fièvre, et
ne tarde pas à se mettre au lit. Il gémit, dé-
plore ses cliens, et surtout une pauvre veuve
dont il devait, le lendemain même, sauver la
fortune par une transaction. Le rendez-vous
était pris avec les gens d'affaires et il se sentait hors d'état d'y aller. Après avoir som-
meillé un quart d'heure, il se réveille ; et,
d'une voix faible, prie sa femme d'écrire à
l'un de ses amis intimes de le remplacer dans
la conférence qui a lieu le lendemain. Il dicte
une longue lettre, et suit, du regard, l'espace que prennent ses phrases sur le papier.
Quand il fallut commencer le recto du second
feuillet, l'avocat était en train de peindre à
son confrère la joie que sa cliente aurait, si

la transaction était signée, et le fatal recto commençait par ces mots :

Mon bon ami, allez, ah ! allez aussitôt chez madame de Vernon, vous y serez attendu bien impatiemment. Elle demeure, rue du Sentier, n. 7. Pardonnez-moi de vous en dire si peu ; mais je compte sur votre admirable sens pour deviner ce que je ne puis expliquer.

Tout à vous.

— Donnez-moi la lettre, dit l'avocat, pour que je voie s'il n'y a pas de fautes avant de la signer.

L'infortunée dont la prudence avait été endormie par la nature de cette épître hérissée presque tout entière des termes les plus barbares de la langue judiciaire, livre la lettre.

Aussitôt que Lebrun possède le fallacieux écrit, il se plaint, se tortille, et réclame je ne sais quel bon office de sa femme.

Elle s'absente deux minutes pendant lesquelles l'avocat saute hors du lit, ploye un papier
en forme de lettre et cache la missive écrite par
sa femme. Quand Anna revient, l'habile mari
cachete le papier blanc, le fait adresser, par
elle, à celui de ses amis auquel la lettre sous-
traite semblait destinée, et la pauvre créature
remet le candide message à un domestique.

Lebrun paraît se calmer insensiblement, il
s'endort ou fait semblant; et le lendemain
matin il affecte encore d'avoir de vagues douleurs.

Deux jours après, il enlève le premier feuillet de la lettre, met un *e* au mot tout, dans
cette phrase, *tout à vous*, il plie mystérieusement le papier innocemment faussaire, le cachete, sort de la chambre conjugale, appelle
la soubrette et lui dit :

— Madame vous prie de porter cela chez
M. Adolphe Bodson, courez......

Il voit partir la femme de chambre; et aussitôt après, il prétexte une affaire et s'en va,
rue du Sentier, à l'adresse indiquée.

Il attend paisiblement son rival, chez l'ami
qui s'était prêté à son dessein. L'amant ivre de

bonheur, accourt, demande madame de Vernon, il est introduit, et se trouve face à face avec Maître Lebrun, qui lui montre un visage pâle, mais froid; des yeux tranquilles, mais implacables.

— Monsieur, dit-il d'une voix émue, au jeune commis dont le cœur palpita de terreur, vous aimez ma femme, vous essayez de lui plaire, je ne saurais vous en vouloir, puisqu'à votre place et à votre âge, j'en eusse fait tout autant. Mais Anna est au désespoir, vous avez troublé sa félicité, l'enfer est dans son cœur. Aussi m'a-t-elle tout confié. Une querelle facilement appaisée, l'avait poussée à vous écrire le billet que vous avez reçu, elle m'a envoyé ici à sa place. Je ne vous dirai pas, monsieur, qu'en persistant dans vos projets de séduction, vous feriez le malheur de celle que vous aimez; que vous la priveriez de mon estime, et un jour de la vôtre; que vous signeriez votre crime jusques dans l'avenir en préparant peut-être des chagrins à mes enfans; je ne vous parle même pas de l'amertume que vous jetteriez dans ma vie; — malheureusement, ce sont des chansons!... Mais je vous déclare,

monsieur, que la moindre démarche de votre
part serait le signal d'un crime; car je ne me fie-
rais pas à un duel pour vous percer le cœur!...

Là, les yeux de l'avocat distillèrent la mort.

— Eh, monsieur, reprit-il d'une voix plus
douce, vous êtes jeune, vous avez le cœur généreux, faites un sacrifice au bonheur à venir
de celle que vous aimez?... Abandonnez-la,
ne la revoyez jamais. Et s'il vous faut absolument quelqu'un de la famille, j'ai une jeune
tante que personne n'a pu fixer; elle est charmante, pleine d'esprit et riche : entreprenez sa
conversion, et laissez en repos une femme
vertueuse.

Ce mélange de plaisanterie et de terreur,
la fixité du regard, et le son de voix profond du
mari, firent une incroyable impression sur
l'amant.

Il resta deux minutes interdit, comme les
gens trop passionnés auxquels la violence d'un
choc enlève toute présence d'esprit.

Si Anna eut des amans, (pure hypothèse,)
ce ne fut certes pas Adolphe Bodson.

Ce fait peut servir à vous faire comprendre
que la correspondance est un poignard à deux

tranchans qui profite autant à la défense du mari qu'à l'*inconséquence* de la femme. Vous favoriserez donc la correspondance, par la même raison que M. le préfet de police fait allumer soigneusement les réverbères de Paris.

§ III.

DES ESPIONS.

S'abaisser jusqu'à mendier des révélations auprès de ses gens, tomber plus bas qu'eux en leur payant une confidence, ce n'est pas un crime; c'est peut-être une lâcheté, mais c'est assurément une sottise; car rien ne vous garantit la probité d'un domestique qui trahit sa maîtresse; et, vous ne saurez jamais s'il est dans vos intérêts ou dans ceux de votre femme. Ce point sera donc une chose jugée sans retour.

La nature, cette bonne et tendre parente, a

placé près d'une mère de famille, les espions
les plus sûrs et les plus fins, les plus véridiques
et en même temps les plus discrets qu'il y ait
au monde. Ils sont muets et ils parlent, ils
voyent tout et ne paraissent rien voir.

Un jour, un de mes amis me rencontre sur
le boulevard, il m'invite à dîner, et nous allons chez lui.

La table était déjà servie, et la maîtresse du
logis distribuait à ses deux filles des assiettes
pleines d'un fumant potage. — « Voilà de mes
premiers symptômes, » me dis-je.

Nous nous asseyons. Le premier mot du
mari qui n'y entendait pas finesse et ne parlait que par désœuvrement, fut de demander :

— Est-il venu quelqu'un aujourd'hui?...

— Pas un chat ! lui répond sa femme sans
le regarder.

Je n'oublierai jamais la vivacité avec laquelle
les deux filles levèrent les yeux sur leur mère.
L'aînée surtout, âgée de huit ans, eut quelque chose de particulier dans le regard. Il y eut
tout à la fois des révélations et du mystère, de
la curiosité et du silence, de l'étonnement et
de la sécurité. S'il y eut quelque chose de com-

parable à la vélocité avec laquelle cette flamme candide s'échappa de leurs yeux, ce fut la prudence avec laquelle elles déroulèrent toutes deux, comme des jalousies, les plis gracieux de leurs blanches paupières.

Douces et charmantes créatures qui, depuis l'âge de neuf ans jusqu'à la nubilité, faites souvent le tourment d'une mère, même quand elle n'est pas coquette, est-ce donc par privilège ou par instinct que vos jeunes oreilles entendent le plus faible éclat d'une voix d'homme, au travers des murs et des portes; que vos yeux voient tout; que votre jeune esprit s'exerce à deviner, même la signification d'un mot dit en l'air, même celle que peut avoir le moindre geste de vos mères.

Il y a de la reconnaissance et je ne sais quoi d'instinctif dans la prédilection des pères pour leurs filles et des mères pour leurs garçons.

Mais l'art d'instituer des espions, en quelque sorte matériels, est un enfantillage, et rien n'est plus facile de trouver mieux que ce bedeau qui s'avisa de placer des coquilles d'œufs dans son lit, et qui n'obtint d'autre compliment de condoléance de la part de son compère stupéfait, que : — Tu ne les aurais pas si bien cassés !

Le maréchal de Saxe ne donna guère plus de consolation à La Popelinière, quand ils découvrirent ensemble cette fameuse cheminée tournante, inventée par le duc de Richelieu.

— Voilà le plus bel ouvrage à cornes que j'aie jamais vu !.. s'écria le vainqueur de Fontenoi.

Espérons que votre espionnage ne vous apprendra encore rien d'aussi fâcheux. Ces malheurs-là sont les fruits de la guerre civile, et nous n'y sommes pas.

§ IV.

L'INDEX.

Le pape ne met que des livres à l'index; vous marquerez d'un sceau de réprobation les hommes et les choses.

Interdit à madame d'aller au bain autre part que chez elle.

Interdit à madame de recevoir chez elle celui que vous soupçonnez être son amant, et toutes les personnes qui pourraient s'intéresser à leur amour.

Interdit à madame de se promener sans vous.

Mais les bizarreries auxquelles donnent naissance, dans chaque ménage, la diversité des
caractères, les innombrables incidens des passions, et les habitudes des époux, impriment
à ce *Livre noir* de tels changemens, elles en mul-
tiplient ou en effacent les lignes avec une telle
rapidité, qu'un ami de l'auteur appelait cet
Index : l'*Histoire des variations de l'église conjugale*.

Il n'existe que deux choses qu'on puisse soumettre à des principes fixes : la campagne et la
promenade.

Un mari ne doit jamais mener ni laisser
aller sa femme à la campagne. Ayez une terre,
habitez-la, n'y recevez que des dames ou des
vieillards, n'y laissez jamais votre femme seule.
Mais la conduire, même pour une demi-jour-
née, chez un autre..... C'est devenir plus imprudent qu'une autruche.

Surveiller une femme à la campagne, est
déjà l'œuvre la plus difficile à accomplir. Pour-
rez-vous être à la fois dans tous les halliers,
grimper sur tous les arbres, suivre la trace
d'un amant sur l'herbe foulée la nuit, mais que
la rosée du matin redresse et fait renaître aux

rayons du soleil. Aurez-vous un œil à chaque
brèche des murs du parc? Oh! la campagne et
le printemps!.. ce sont les deux bras droits du
Célibat.

Quand une femme arrive à la crise dans
laquelle nous supposons qu'elle se trouve,
un mari doit rester à la ville jusqu'au moment
de la guerre, ou se dévouer à tous les plaisirs
d'un cruel espionnage.

En ce qui concerne la promenade, madame
veut-elle aller aux fêtes, aux spectacles, au
bois de Boulogne; sortir pour marchander des
étoffes, voir les modes? Madame ira, sortira,
verra dans l'honorable compagnie de son
maître et seigneur.

Si elle saisissait le moment où une occupa-
tion qu'il vous serait impossible d'abandonner,
vous réclame tout entier, pour essayer de vous
surprendre une tacite adhésion à quelque sortie méditée; si, pour l'obtenir, elle se mettait
à déployer tous les prestiges et toutes les séductions de ces scènes de calinerie, dans lesquelles les femmes excellent et dont votre
imagination peut deviner les féconds ressorts?
Eh bien, le professeur vous engage à vous lais-

ser charmer, à vendre cher la permission demandée, et surtout à convaincre cette créature dont l'âme est, tour-à-tour, aussi mobile que l'eau, aussi ferme que l'acier, qu'il vous est défendu par l'importance de votre travail de quitter votre cabinet.

Mais aussitôt que votre femme aura mis le pied dans la rue, si elle va à pied, ne lui donnez pas le loisir de faire seulement cinquante pas, soyez sur ses traces et suivez-la, sans qu'elle puisse s'en apercevoir.

Il existe peut-être des Werther dont cette inquisition va révolter les âmes tendres et délicates. Cette conduite n'est pas plus coupable que celle d'un propriétaire qui se relève la nuit et regarde par la fenêtre pour veiller sur les pêches de ses espaliers. Vous obtiendrez peut-être par-là, avant que le crime ne soit commis, des renseignemens exacts sur ces appartemens que tant d'amoureux louent en ville sous des noms supposés. Si, par un hasard, (dont Dieu vous garde,) votre femme entrait dans une maison à vous suspecte, informez-vous si le logis a plusieurs issues.

Votre femme monte-t-elle en fiacre.... qu'a-

vez-vous à craindre? Un préfet de police au-
quels les maris auraient dû décerner une couronne d'or mat, n'a-t-il pas construit sur chaque place de fiacre, une petite baraque où
siége, son registre à la main, un incorruptible gardien de la morale publique? Ne sait-
on pas où vont et d'où viennent ces gondoles
parisiennes?

Un des principes vitaux de votre police,
sera d'accompagner parfois votre femme chez
les fournisseurs de votre maison, si elle avait
l'habitude d'y aller. Vous examinerez soigneusement s'il existe quelque familiarité entre elle
et sa mercière, sa marchande de modes, sa
couturière, etc. Vous appliquerez là les règles
de la Douane Conjugale et vous tirerez vos
conclusions.

Si, en votre absence, votre femme sortie
malgré vous, prétend avoir été à tel endroit,
dans tel magasin, allez-y le lendemain, et tâ-
chez de savoir si elle a dit la vérité.

Mais la passion vous dictera, mieux encore
que cette Méditation, les ressources de la tyrannie conjugale, et nous arrêterons là ces fas-
tidieux enseignemens.

§ V.

DU BUDGET.

En esquissant le portrait d'un mari valide, (Voyez la Méditation *des Prédestinés*,) nous lui avons soigneusement recommandé de cacher à sa femme la véritable somme à laquelle monte son revenu.

Tout en nous appuyant sur cette base, pour établir notre système financier, nous espérons contribuer à faire tomber l'opinion assez généralement répandue, qu'il ne faut pas donner le maniement de l'argent à sa femme. Ce prin-

cipe est une des erreurs populaires qui amènent le plus de contre-sens en ménage.

Et d'abord traitons la question de cœur
avant la question d'argent.

Décréter une petite liste civile, pour votre
femme et pour les exigences de la maison,
et la lui verser comme une contribution,
par douzièmes égaux et de mois en mois,
emporte en soi quelque chose de petit, de
mesquin, de resserré, qui ne peut convenir
qu'à des âmes sordides ou méfiantes. En agis-
sant ainsi, vous vous préparez d'immenses
chagrins.

Je veux bien que, pendant les premières années de votre union *mellifique*, des
scènes plus ou moins gracieuses, des plaisanteries de bon goût, des bourses élégantes, des
caresses aient accompagné, décoré le don men-
suel; mais il arrivera un moment où l'étour-
derie de votre femme, une dissipation impré-
vue la forceront à implorer un emprunt dans
la Chambre. Je suppose que vous accorderez
toujours le bill d'indemnité, sans le vendre fort cher, par des discours, comme nos
fidèles députés ne manquent pas de le faire.

Ils payent, mais ils grognent ; vous payerez et ferez des complimens ; soit !

Mais dans la crise où nous sommes, les prévisions du budget annuel ne suffisent jamais. Il y a accroissement de fichus, de bonnets, de robes ; il y a une dépense inappréciable nécessitée par les congrès, les courriers diplomatiques, par les voies et moyens de l'amour, tandis que les recettes restent les mêmes. Alors commence dans un ménage l'éducation la plus odieuse et la plus épouvantable qu'on puisse donner à une femme. Je ne sache guères que quelques âmes nobles et généreuses, qui tiennent à plus haut prix que les millions, la pureté du cœur, la franchise de l'âme, et qui pardonneraient mille fois une passion plutôt qu'un mensonge, dont l'instinctive délicatesse a deviné le principe de cette peste de l'âme, dernier degré de la corruption humaine.

Alors, en effet, se passent, dans un ménage, les scènes d'amour les plus délicieuses. Alors une femme s'assouplit ; et, semblable à la plus brillante de toutes les cordes d'une harpe jetée devant le feu, elle se roule autour de vous, elle vous enlace, elle vous enserre ; elle se

prête à toutes vos exigences ; jamais ses discours n'auront été plus tendres, elle les pro-
digue ou plutôt elle les vend ; elle arrive à
tomber au-dessous d'une fille d'Opéra, car elle
se prostitue à son mari. Dans ses plus doux
baisers, il y a de l'argent ; dans ses paroles, il y a
de l'argent. A ce métier ses entrailles deviennent de plomb pour vous. L'usurier le plus poli,
le plus perfide, ne soupèse pas mieux d'un regard la future valeur métallique d'un fils de
famille auquel il fait signer un billet, que votre femme n'estime un de vos désirs, en sautant de branche en branche comme un écu-
reuil qui se sauve, afin d'augmenter la somme
d'argent, par la somme d'appétence. Et ne
croyez pas échapper à ses séductions, la nature
a donné des trésors de coquetterie à une femme,
et la société les a décuplés par ses modes, ses
vêtemens, ses broderies et ses pèlerines.

— Si je me marie, disait un des plus honora-
bles généraux de nos anciennes armées, je
ne mettrai pas un sou dans la corbeille....

— Et qu'y mettrez-vous donc, général?....
dit une jeune personne.

— La clef du secrétaire.

La demoiselle fit une petite minauderie d'approbation. Elle agita doucement sa petite tête par un mouvement semblable à celui de l'aiguille aimantée, son menton se releva légèrement et il semblait qu'elle eût dit : — J'épouserais le général très-volontiers.

Mais comme question d'argent? quel intérêt voulez-vous donc que prenne une femme dans une machine où elle est gagée comme un teneur de livres?

Examinez l'autre système.

En abandonnant à votre femme, sous couleur de confiance absolue, les deux tiers de votre fortune, et la laissant maîtresse de diriger l'administration conjugale, vous obtenez une estime que rien ne saurait effacer, car la confiance et la noblesse trouvent de puissans échos dans le cœur de la femme. Elle sera grevée d'une responsabilité qui élèvera souvent une barrière d'autant plus forte contre ses dissipations qu'elle se la sera créée elle-même dans son cœur. Vous, vous avez fait d'abord une part au feu, et vous êtes sûr ensuite que votre femme ne s'avilira peut-être jamais.

Maintenant en cherchant là des moyens de

défense, considérez quelles admirables ressources vous offre ce plan de finances.

Vous aurez, dans votre ménage, une cote exacte de la moralité de votre femme, comme celle de la Bourse donne la mesure du degré de confiance obtenu par le gouvernement.

En effet, pendant les premières années de votre mariage, votre femme se piquera de vous donner du luxe et de la satisfaction pour votre argent.

Elle instituera une table opulemment servie, renouvellera le mobilier, les équipages; aura toujours dans le tiroir consacré au bien-aimé, une somme toute prête. Eh bien, dans les circonstances actuelles, le tiroir sera très-souvent vide et monsieur dépensera beaucoup trop. Les économies ordonnées par la Chambre ne frappent jamais que sur les commis à douze cents francs; or, vous serez le commis à douze cents francs de votre ménage. Vous en rirez, puisque vous aurez amassé, capitalisé, géré, le tiers de votre fortune pendant long-temps, semblable à Louis XV qui s'était fait un petit trésor à part, *en cas de malheur*, disait-il.

Ainsi votre femme parle-t-elle d'économie,

ses discours équivaudront aux variations de la cote bursale. Vous pourrez deviner tous les progrès de l'amant par les fluctuations financières, et vous aurez tout concilié, *e sempre bene*.

Si, n'appréciant pas cet excès de confiance, votre femme dissipait un jour une forte partie de la fortune ; d'abord, il serait difficile que cette prodigalité atteignît au tiers des revenus gardés par vous depuis dix ans ; mais ensuite, la Méditation sur les *Péripéties* vous apprendra qu'il y a dans la crise même amenée par les folies de votre femme d'immenses ressources pour tuer le Minotaure.

Enfin le secret du trésor entassé par vos soins ne doit être connu qu'à votre mort, et si vous aviez besoin d'y puiser pour venir au secours de votre femme, vous, toujours, serez censé avoir joué avec bonheur, ou avoir emprunté à un ami.

Tels sont les vrais principes en fait de budget conjugal.

—

La police conjugale a son martyrologe. Nous

ne citerons qu'un seul fait, parce qu'il pourra faire comprendre la nécessité où sont les maris, qui prennent des mesures aussi acerbes, de veiller sur eux-mêmes autant que sur leurs femmes.

Un vieil avare, demeurant à T..., ville de plaisir, si jamais il en fut, avait épousé une jeune et jolie femme; et il en était tellement épris et jaloux que l'amour triompha de l'usure; car il quitta le commerce pour pouvoir mieux garder sa femme, ne faisant ainsi que changer d'avarice.

J'avoue que je dois la plus grande partie des observations contenues dans cet Essai sans doute imparfait encore, à la personne qui a pu jadis étudier cet admirable phénomène conjugal.

Pour le peindre, il suffira d'un seul trait. Quand il allait à la campagne, il ne se couchait jamais sans avoir secrètement ratissé les allées de son parc dans un sens mystérieux, et il avait un rateau particulier pour le sable dont sa maison était entourée.

Il avait fait une étude particulière des vestiges laissés par les pieds des différentes personnes de sa maison; et dès le matin, il en allait reconnaître les empreintes.

— Tout ceci est de haute futaie, disait-il à la personne dont j'ai parlé, en lui montrant son parc, car on ne voit rien dans les taillis.....

Sa femme aimait un des plus charmans jeunes gens de la ville. Depuis neuf ans cette passion vivait, brillante et féconde en plaisirs au cœur des deux amans.

Ils s'étaient devinés d'un seul regard, au milieu d'un bal; et, en dansant, leurs doigts tremblans leur avaient révélé, à travers la peau parfumée de leurs gants, toute l'étendue de leur amour.

Depuis ce jour, ils avaient trouvé l'un et l'autre d'immenses ressources dans les riens dédaignés par les amans heureux. Un jour le jeune homme amena son seul confident d'un air mystérieux dans un boudoir où, sur une table et sous des globes de verre, il conservait, avec plus de soin qu'il n'en aurait eu pour les plus belles pierreries du monde, des fleurs tombées de la coiffure de sa maîtresse, grâces à l'emportement de la danse, des brinborions arrachés à des arbres qu'elle avait touchés

dans son parc. Il y avait là jusqu'à l'étroite empreinte laissée sur une terre argileuse par le
pied de cette femme.—J'entendais, me dit plus
tard ce confident, les fortes et sourdes palpitations de son cœur sonner au milieu du silence que nous gardâmes devant les richesses
de ce musée d'amour.

Je levai les yeux au plafond comme pour con-
fier au ciel un sentiment que je n'osais exprimer. — Pauvre humanité!.. pensais-je....

— Madame de.... m'a dit qu'un soir, au bal,
on vous avait trouvé presqu'évanoui dans son
salon de jeu?.... lui demandai-je.

— Je crois bien, dit-il en voilant le feu de
son regard, je lui avais baisé le bras!.. — Mais,
ajouta-t-il en me serrant la main et me lançant
un de ces regards qui semblent presser le cœur,
son mari a dans ce moment-ci la goutte bien
près de l'estomac......

Quelque temps après, le vieil avare revint à
la vie, et parut avoir fait un nouveau bail;
mais, au milieu de sa convalescence, il se mit
au lit un matin, et mourut subitement. Des
symptômes de poison éclatèrent si violemment

sur le corps du défunt, que la justice informa,
et les deux amans furent arrêtés.

Alors il se passa, devant la cour d'assise,
la scène la plus déchirante qui jamais ait re-
mué le cœur d'un jury. Dans l'instruction du
procès, chacun des deux amans avait sans dé-
tour avoué le crime, et, par une même pensée, s'en était seul chargé, pour sauver, l'une
son amant, l'autre sa maîtresse. Il se trouva
deux coupables là où la justice n'en cherchait
qu'un seul. Les débats ne furent que des dé-
mentis qu'ils se donnèrent l'un à l'autre avec
toute la fureur du dévouement de l'amour..

Ils étaient réunis pour la première fois,
mais sur le banc des criminels, et séparés par
un gendarme. Ils furent condamnés à l'unanimité par des jurés en pleurs.

Personne, parmi ceux qui eurent le courage
barbare de les voir conduire à l'échafaud, ne
peut aujourd'hui parler d'eux sans frissonner.
La religion leur avait arraché le repentir du
crime, mais non l'abjuration de leur amour.

L'échafaud fut leur lit nuptial, et ils s'y cou-
chèrent ensemble dans la longue nuit de la
mort.

MÉDITATION

XXI.

L'ART DE RENTRER CHEZ SOI.

Incapable de maîtriser les bouillans transports de son inquiétude, plus d'un mari com-
met la faute d'arriver au logis et d'entrer chez
sa femme pour triompher de sa faiblesse comme
ces taureaux d'Espagne qui, animés par le *ban-
derillos* rouge, éventrent de leurs cornes fu-

rieuses, les chevaux et les matadors, picadors, tauréadors et consors.

Oh! rentrer d'un air craintif et doux, comme Mascarille qui s'attend à des coups de bâton et devient gai comme un pinson en trouvant son maître de belle humeur!..... Voilà qui est d'un homme sage?...

— Oui, ma chère amie, je sais qu'en mon absence vous aviez tout pouvoir de mal faire!... A votre place une autre aurait peut-être jeté la maison par les fenêtres, et vous n'avez cassé qu'un carreau! Dieu vous bénisse de votre clémence. Conduisez-vous toujours ainsi et vous pouvez compter sur ma reconnaissance.

Telles sont les idées que doivent trahir vos manières et votre physionomie; mais, à part, vous vous dites : — Il est peut-être venu!...

Apporter toujours une figure aimable au logis, est une des lois conjugales qui ne souffrent pas d'exception.

Mais l'art de ne sortir de chez soi que pour y rentrer quand la police vous a révélé une conspiration; mais savoir rentrer à propos!... Ah! ce sont des enseignemens impossibles à formuler. Ici tout est finesse et tact. Les événemens de la vie sont toujours plus féconds que l'imagination humaine. Aussi nous contenterons-nous d'essayer de doter ce livre d'une histoire digne d'être inscrite dans les archives de l'abbaye de Thélème. Elle aura l'immense mérite de vous dévoiler un nouveau moyen de défense légèrement indiqué par l'un des aphorismes du professeur, et de mettre en action la morale de la présente Méditation, seule manière de vous instruire.

M. de B. officier d'ordonnance et momentanément attaché en qualité de secrétaire près de Louis Bonaparte, roi de Hollande, se trouvait au château de Saint-Leu, près Paris, où la reine Hortense tenait sa cour et où toutes les dames de son service l'avaient accompagnée.

Le jeune officier était assez agréable et blond, il avait l'air pincé, paraissait un peu trop content de lui-même et trop infatué de l'ascendant militaire; du reste passablement spirituel et très-complimenteur. Pourquoi toutes ses galanteries étaient-elles devenues insupportables à toutes les femmes de la reine?... c'est ce que l'histoire ne dit pas. Peut-être avait-il fait la faute d'offrir à toutes un même hommage? Précisément. Mais chez lui, c'était astuce. Il adorait, pour le moment, l'une d'entre elles, madame la comtesse de ***. La comtesse n'osait défendre son amant, parce qu'elle aurait ainsi avoué son secret, et, par une bizarrerie assez explicable, les épigrammes les plus sanglantes partaient de ses jolies lèvres, tandis que son cœur logeait l'image proprette du joli militaire.

Il existe une nature de femme auprès de laquelle réussissent les hommes un peu suffisans, dont la toilette est élégante et le pied bien chaussé. Ce sont les femmes à minauderies, délicates, et recherchées. La comtesse était, sauf les minauderies, qui, chez elle, avaient un caractère particulier d'innocence et de vérité, une de ces personnes-là. Elle appartenait à la famille des N.... où les bonnes manières sont conservées traditionnellement.

Son mari, le comte de... était fils de la vieille duchesse de L. et il avait courbé la tête devant l'idole du jour. Napoléon, l'ayant récemment nommé comte, il se flattait d'obtenir une ambassade; mais, en attendant, il se contentait d'une clef de chambellan ; et s'il laissait sa femme auprès de la reine Hortense, c'était sans doute par calcul d'ambition.

— Mon fils, lui dit un matin sa mère, votre femme chasse de race. Elle aime M. de B.

— Vous plaisantez, ma mère, il m'a emprunté hier cent napoléons.

— Si vous ne tenez pas plus à votre femme qu'à votre argent, n'en parlons plus ! dit sèchement la vieille dame.

Le futur ambassadeur observa les deux amans, et ce fut en jouant au billard avec la reine, l'officier et sa femme qu'il obtint une de ces preuves aussi légères en apparence, qu'elles sont irrécusables aux yeux d'un diplomate.

— Ils sont plus avancés qu'ils ne le croient eux-mêmes !... dit le comte de *** à sa mère.

Et il versa dans l'âme aussi savante que rusée de la duchesse le chagrin profond dont il était accablé par cette découverte amère. Il aimait la comtesse, et sa femme, sans avoir précisément ce qu'on nomme des principes, était mariée depuis trop peu de temps pour ne pas être encore attachée à ses devoirs.

La duchesse se chargea de sonder le cœur de sa bru. Elle jugea qu'il y avait encore de la ressource dans cette âme neuve et délicate; et elle promit à son fils de perdre M. de B*** sans retour.

Un soir, au moment où les parties étaient finies, que toutes les dames avaient commencé une de ces causeries familières où se confisent les médisances, et que la comtesse faisait son service auprès de la reine, madame de L.... saisit cette occasion pour apprendre à l'assemblée féminine le grand secret de l'amour de M. de B*** pour sa bru. Toutes de se récrier. La duchesse ayant recueilli les voix, il fut décidé à l'unanimité que celle-là qui réussirait à chasser du château l'officier, rendrait un service signalé à la reine Hortense qui en était excédée et à toutes ses femmes qui le haïssaient, et pour cause. La vieille dame réclama l'assistance des belles conspiratrices, et chacune promit sa coopération à tout ce qui pourrait être tenté.

En quarante-huit heures, l'astucieuse belle-mère devint la confidente et de sa bru et de l'amant. Trois jours après, elle avait fait espé-

rer au jeune officier la faveur d'un tête-à-tête
à la suite d'un déjeuner. Il fut arrêté que
M. de B*** partirait le matin de bonne heure
pour Paris et reviendrait secrètement. La
reine avait annoncé le dessein d'aller avec
toute la compagnie suivre, ce jour-là, une
chasse au sanglier, et la comtesse devait feindre une indisposition. Le comte, ayant été
envoyé à Paris par le roi Louis, donnait peu
d'inquiétudes.

Pour concevoir toute la perfidie du plan de
la duchesse, il faut expliquer succinctement la
disposition de l'appartement exigu qu'occupait
la comtesse au château. Il était situé au premier étage, au-dessus des petits appartemens
de la reine, et au bout d'un long corridor. On
entrait immédiatement dans une chambre à
coucher à droite et à gauche de laquelle se
trouvaient deux cabinets. Celui de droite
était un cabinet de toilette et celui de gauche
avait été récemment transformé en boudoir
par la comtesse. On sait ce qu'est un cabinet
de campagne : celui-là n'avait que les quatre
murs. Il était décoré d'une tenture grise,
et il n'y avait encore qu'un petit divan et un

tapis ; car l'ameublement devait en être achevé sous peu de jours. La duchesse n'avait conçu sa noirceur que d'après ces circonstances, qui, bien que légères en apparence, la servirent admirablement.

Sur les onze heures, un déjeuner délicat est préparé dans la chambre. L'officier revenant de Paris, déchirait à coups d'éperon les flancs de son cheval. Il arrive enfin, il confie le noble animal à son valet, escalade les murs du parc, vole au château, et parvient à la chambre sans avoir été vu même d'un jardinier.

Les officiers d'ordonnance portaient alors, si vous ne vous en souvenez pas, des pantalons collans très-serrés, et un petit schakos étroit et long, costume aussi favorable pour se faire admirer le jour d'une revue qu'il est gênant dans un rendez-vous. La vieille femme avait calculé toute l'inopportunité de l'uniforme.

Le déjeuner fut d'une gaîté folle. La comtesse ni sa mère ne buvaient de vin, mais l'officier, qui connaissait le proverbe, sabla fort joliment autant de Champagne qu'il en fallait pour aiguiser son amour et son esprit.

Le déjeuner terminé, l'officier regarda la belle-mère qui, poursuivant son rôle de complice, dit :

— J'entends une voiture, je crois !.... Et de sortir.

Elle rentre au bout de trois minutes.

— C'est le comte !..... s'écria-t-elle en poussant les deux amans dans le boudoir.

— Soyez tranquilles !... leur dit-elle.

— Prenez donc votre schakos ?.. ajouta-t-elle en gourmandant par un geste l'imprudent jeune homme.

Elle recula vivement la table dans le cabinet de toilette ; et, par ses soins, le désordre de la chambre se trouva entièrement réparé au moment où son fils apparut.

— Ma femme est malade ?..... demanda le comte.

— Non, mon ami, répond la mère. Son mal s'est promptement dissipé, elle est à la chasse, à ce que je crois ?.....

Puis elle lui fait un signe de tête comme pour lui dire : — Ils sont là ?.....

— Mais êtes-vous folle, répond le comte à voix basse, de les enfermer ainsi ?....

— Vous n'avez rien à craindre, reprit la duchesse, j'ai mis dans son vin.....

— Quoi ?...

— Le plus prompt de tous les purgatifs.

Entre le roi de Hollande. Il venait demander au comte le résultat de la mission qu'il lui avait donnée. La duchesse essaya, par quelques-unes de ces phrases mystérieuses que savent si bien dire les femmes, d'obliger sa Majesté à emmener le comte chez elle.

Aussitôt que les deux amans se trouvèrent dans le boudoir, la comtesse stupéfaite en reconnaissant la voix de son mari, dit bien bas au séduisant officier :

— Ah monsieur, vous voyez à quoi je me suis exposée pour vous.....

— Mais, chère Marie ! mon amour vous récompensera de tous vos sacrifices, et je te serai fidèle jusqu'à la mort. (*A part et en lui-même : Oh ! oh ! quelle douleur !....*)

— Ah ! s'écria la jeune femme qui se tordit les mains en entendant marcher son mari près de la porte du boudoir, il n'y a pas d'amour qui puisse payer de telles terreurs !.. Monsieur, ne m'approchez pas.....

—O! ma bien-aimée, mon cher trésor, dit-il en s'agenouillant avec respect, je serai pour toi ce que tu voudras que je sois!... Ordonne? Je m'éloignerai. Rappelle-moi?.. Je viendrai. Je serai le plus soumis comme je veux être... (S..... D... j'ai la colique!) le plus constant des amans... O ma belle Marie!... (Ah! je suis perdu. C'est à en mourir!..)

Ici l'officier marcha vers la fenêtre pour l'ouvrir et se précipiter la tête la première dans le jardin; mais il aperçut la reine Hortense et ses femmes. Alors il se tourna vers la comtesse en portant la main à la partie la plus décisive de son uniforme; et, dans son désespoir, il s'écria d'une voix étouffée :

— Pardon, madame, mais il m'est impossible d'y tenir plus long-temps.

— Monsieur, êtes-vous fou ?... s'écria la jeune femme, en s'apercevant que l'amour seul n'agitait pas cette figure égarée.

L'officier pleurant de rage, se replia vivement sur le schakos qu'il avait jeté dans un coin.

— Eh bien, comtesse?..... disait la reine Hortense en entrant dans la chambre à coucher d'où le comte et le roi venaient de sortir,

comment allez-vous? Mais où est-elle donc?
— Madame !... s'écria la jeune femme en s'élançant à la porte du boudoir, n'entrez pas!.. Au nom de dieu, n'entrez pas!

La comtesse se tut, car elle vit toutes ses compagnes dans la chambre. Elle regarda la reine. Hortense, qui avait autant d'indulgence que de curiosité, fit un geste et toute sa suite se retira.

Le jour même, l'officier part pour l'armée, arrive aux avant-postes, cherche la mort et la trouve. C'était un brave ; mais ce n'était pas un philosophe.

On prétend qu'un de nos peintres les plus célèbres, ayant conçu pour la femme d'un de ses amis un amour qui fut partagé, eut à subir toutes les horreurs d'un semblable rendez-vous, que le mari avait préparé par vengeance ; mais s'il faut en croire la chronique, il y eut une double honte ; et plus sages que M. de B...., les amans, surpris par la même infirmité, ne se tuèrent ni l'un ni l'autre.

La manière dont un mari doit se comporter en rentrant chez lui dépend aussi de beaucoup de circonstances. Exemple :

Lord Catesby était d'une force prodigieuse.
Il arrive un jour, qu'en revenant d'une chasse
au renard à laquelle il avait promis d'aller sans
doute par feinte, il se dirige vers une haie de
son parc où il disait voir un très-beau cheval.
Comme il avait là passion des chevaux, il s'a-
vance pour admirer celui-là de plus près. Il
aperçoit lady Catesby au secours de laquelle il
était temps d'accourir, pour peu qu'il fût jaloux
de son honneur. Il fond sur un gentleman dont
il interrompt la criminelle conversation en le
saisissant à la ceinture; puis, il le lance par-
dessus la haie au bord d'un chemin.

— Songez, monsieur, que c'est à moi qu'il
faudra désormais vous adresser pour demander
quelque chose ici!.... lui dit-il sans emportement.

— Eh bien, milord, auriez-vous la bonté de
me jeter aussi mon cheval?....

Mais le lord flegmatique avait déjà pris le
bras de sa femme, et lui disait gravement :

— Je vous blâme beaucoup, ma chère créature, de ne pas m'avoir prévenu que je devais
vous aimer pour deux. Désormais tous les jours

pairs je vous aimerai pour le gentleman, et les autres jours pour moi-même.

Cette aventure passe, en Angleterre, pour une des plus belles rentrées connues. Il est vrai que c'était joindre avec un rare bonheur l'éloquence du geste à celle de la parole.

Mais l'art de rentrer chez soi, dont les principes ne sont que des déductions nouvelles du système de politesse et de dissimulation, recommandé par nos Méditations antérieures, n'est lui-même que la préparation constante des *Péripéties* conjugales dont nous allons nous occuper.

MÉDITATION

XXII.

DES PÉRIPÉTIES.

LE mot *Péripétie* est un terme de littérature qui signifie, *coup de théâtre*.

Amener une péripétie dans le drame que vous jouez, est un moyen de défense aussi facile à entreprendre que le succès en est incertain. Tout en vous en conseillant l'emploi, nous ne vous en dissimulerons pas les dangers.

La péripétie conjugale peut se comparer à ces belles fièvres, qui emportent un sujet bien constitué ou en restaurent à jamais la vie. Ainsi, quand la péripétie réussit, elle rejette pour des années entières une femme dans les sages régions de la vertu.

Au surplus, ce moyen est le dernier de tous ceux que la science ait permis de découvrir jusqu'à ce jour.

La Saint-Barthélemy, les Vêpres Siciliennes, la Mort de Lucrèce, les deux débarquemens de Napoléon à Fréjus, sont des péripéties politiques. Il ne vous est pas permis d'en faire d'aussi vastes; mais toutes proportions gardées, vos coups de théâtre conjugaux ne seront pas moins puissans.

Mais comme l'art de créer des situations et de changer, par des événemens naturels, la face d'une scène, constitue le génie; que le retour à la vertu d'une femme dont le pied laisse déjà quelques empreintes sur le sable doux et doré des sentiers du vice, est la plus difficile de toutes les péripéties; et que le génie ne s'apprend pas, ne se démontre pas; le Licencié en

Droit Conjugal se trouve forcé d'avouer ici son impuissance à réduire en principes fixes une science aussi changeante que les circonstances, aussi fugitive que l'occasion, aussi indéfinissable que l'instinct.

Pour nous servir d'une expression que d'Alembert et Voltaire n'ont pu naturaliser, malgré son énergie, une péripétie conjugale se *subodore*. Aussi notre seule ressource sera-t-elle de crayonner imparfaitement quelques situations conjugales analogues, imitant ce philosophe des anciens jours qui, cherchant vainement à s'expliquer le mouvement, marchait devant lui pour essayer d'en saisir les lois insaisissables.

Un mari aura, selon les principes consignés dans la Méditation sur la Police, expressément défendu à sa femme de recevoir les visites du célibataire qu'il soupçonne devoir être son amant. Elle a promis de ne jamais le voir. Ce sont toutes petites scènes d'intérieur que nous abandonnons aux imaginations matrimoniales. Un mari les dessinera bien mieux que nous, en se reportant, par la pensée, à ces jours où de délicieux désirs ont amené de sincères confidences, où les ressorts de sa politique ont fait jouer quelques machines adroitement travaillées.

Supposons, pour mettre plus d'intérêt à cette scène normale, que ce soit vous, vous mari qui me lisez, dont la police soigneusement organisée, découvre que votre femme, profitant des heures consacrées à un repas ministériel auquel elle vous a fait peut-être inviter, doit recevoir Monsieur A — Z.

Il y a là toutes les conditions requises pour amener une des plus belles péripéties possibles.

Vous revenez assez à temps pour que votre arrivée coïncide avec celle de M. A — Z ; car nous ne vous conseillerions pas de risquer un entr'acte trop long. Mais comment rentrez-vous?.. non plus, selon les principes de la Méditation précédente. — En furieux, donc?.... — Encore moins. Vous arrivez en vrai bonhomme, en étourdi qui a oublié sa bourse ou son mémoire pour le ministre, son mouchoir ou sa tabatière.

Alors, ou vous surprendrez les deux amans ensemble, ou votre femme, avertie par sa soubrette, aura caché le célibataire.

Emparons-nous de ces deux situations uniques.

Ici nous ferons observer que tous les maris doivent être en mesure de produire la terreur dans leur ménage, et préparer long-temps à l'avance des Deux-Septembre matrimoniaux.

Ainsi, un mari, du moment où sa femme a laissé apercevoir quelques *Premiers Symptômes*, ne manquera jamais à donner, de temps à autre, son opinion personnelle sur la conduite à tenir par un époux dans les grandes crises conjugales.

— Moi, direz-vous, je n'hésiterais pas à tuer un homme que je surprendrais aux genoux de ma femme.

A propos d'une discussion que vous aurez suscitée, vous serez amené à prétendre : — que la loi aurait dû donner à un mari, comme aux anciens Romains, droit de vie et de mort sur ses enfans pour qu'il pût tuer les adultérins.

Ces opinions féroces qui ne vous engagent à rien, imprimeront une terreur salutaire à votre femme.

Vous les énonceriez même en riant et en lui disant :

— Oh, mon Dieu, oui, mon cher amour, je te tuerais fort proprement. Aimerais-tu à être occise par moi?...

Une femme ne peut jamais s'empêcher de craindre que cette plaisanterie ne devienne un jour très-sérieuse ; car il y a encore de l'amour dans ces crimes involontaires ; puis les femmes sachant, mieux que personne, dire la vérité en riant, soupçonnent parfois leurs maris d'employer cette ruse féminine.

Alors, quand un époux surprend sa femme avec son amant, au milieu même d'une innocente conversation, sa tête, vierge encore, doit produire l'effet mythologique de la célèbre Gorgone.

Pour obtenir une péripétie favorable en cette conjoncture, il faut, selon le caractère de votre femme, ou jouer une scène pathétique à la Diderot, ou faire de l'ironie comme Cicéron, ou sauter sur des pistolets chargés à poudre, et les tirer même si vous jugez un grand éclat indispensable.

Un mari adroit s'est assez bien trouvé d'une scène de *sensiblerie* modérée. Il entre, voit l'amant et le chasse d'un regard. Le célibataire parti, il tombe aux genoux de sa femme, déclame une tirade, où entre autres phrases, il y avait celle-ci :

— Eh quoi ! mon Augustine, je n'ai pas su t'aimer !... Il pleure, elle pleure, et cette péripétie larmoyante n'eut rien d'incomplet.

Nous expliquerons, à l'occasion de la seconde manière dont peut se présenter la péripétie, les motifs qui obligent un mari à moduler cette scène sur le degré plus ou moins élevé de la force féminine.

Poursuivons :

Si votre bonheur veut que l'amant soit caché, la péripétie sera bien plus belle.

Pour peu que l'appartement ait été disposé selon les principes consacrés par la Méditation XIV, vous reconnaîtrez facilement l'endroit où s'est blotti le célibataire, se fût-il, comme le don Juan de lord Byron, pelotonné sous le coussin d'un divan. Si, par hasard, votre appartement est en désordre, vous devez en avoir une connaissance assez parfaite pour savoir qu'il n'y a pas deux endroits où un homme puisse se mettre.

Enfin, si par quelque inspiration diabolique,

il s'était fait si petit qu'il se fût glissé dans une retraite inimaginable, (car on peut tout attendre d'un célibataire), eh bien, ou votre femme ne pourra s'empêcher de regarder cet endroit mystérieux, ou elle feindra de jeter les yeux sur un côté tout opposé; et alors rien n'est plus facile à un mari que de tendre une petite souricière à sa femme.

Alors, la cachette étant découverte, vous marchez droit à l'amant. Vous le rencontrez!..

Là, vous tâcherez d'être beau. Tenez constamment votre tête de trois quarts en la relevant d'un air de supériorité. Cette attitude ajoutera beaucoup à l'effet que vous devez produire.

La plus essentielle de vos obligations consiste en ce moment à écraser le célibataire par une phrase très-remarquable, que vous aurez eu tout le temps d'improviser. Après l'avoir terrassé, vous lui indiquerez froidement qu'il peut sortir. Vous serez très-poli, mais aussi tranchant que la hache d'un bourreau, et plus impassible que la loi. Ce mépris glacial amènera peut-être déjà une péripétie, dans l'esprit de votre femme. Point de cris, point de gestes, pas d'emportemens. Les hommes des hautes sphères sociales, a dit un jeune auteur anglais, ne ressemblent jamais à ces petites gens qui ne sauraient perdre une fourchette sans sonner l'alarme dans tout le quartier.

Le célibataire parti, vous vous trouvez seul avec votre femme; et, dans cette situation, vous devez la reconquérir pour toujours.

En effet, vous vous placez devant elle, en prenant un de ces airs dont le calme affecté trahit des émotions profondes; puis, vous choisirez dans les idées suivantes que nous vous présentons en forme d'amplification rhétoricienne, celles qui pourront convenir à vos principes.

— Madame, je ne vous parlerai ni de vos sermens, ni de mon amour; car vous avez trop d'esprit et moi trop de fierté pour que je vous assomme des plaintes banales que tous les maris sont en droit de faire en pareil cas. Leur moindre défaut alors est d'avoir trop raison. Je n'aurai même, si je puis, ni colère, ni ressentiment. Ce n'est pas moi qui suis outragé; car j'ai trop de cœur pour être effrayé de cette

opinion commune qui frappe presque toujours très-justement de ridicule et de réprobation un mari dont la femme se conduit mal.
Je m'examine et je ne vois pas par où j'ai
pu mériter, comme la plupart d'entre eux,
d'être trahi.

Je vous aime encore. Je n'ai jamais manqué, non pas à mes devoirs, car je n'ai trouvé
rien de pénible à vous adorer; mais aux douces
obligations que nous impose un sentiment vrai.
Vous avez toute ma confiance et vous gérez
ma fortune. Je ne vous ai rien refusé. Enfin
voici la première fois que je vous montre un
visage, je ne dirai pas sévère, mais improbateur.

Cependant laissons cela, car je ne dois pas
faire mon apologie dans un moment où vous
me prouvez si énergiquement qu'il me manque
nécessairement quelque chose, et que je ne
suis pas destiné par la nature à accomplir
l'œuvre difficile de votre bonheur.

Alors, je vous demanderai, en ami parlant
à son ami, comment vous avez pu exposer la
vie de trois êtres à la fois?..... Celle de la mère
de mes enfans qui me sera toujours sacrée.
Celle du chef de la famille, et celle enfin de ce-

lui.....que vous aimez...... (Elle se jettera peut-
être à vos pieds, il ne faudra jamais l'y souffrir,
elle est indigne d'y rester) car......... vous ne
m'aimez plus, Elisa. Eh bien, ma pauvre enfant,
(Vous ne la nommerez, *ma pauvre enfant*,
qu'au cas où le crime ne serait pas commis)
pourquoi se tromper?..... Que ne me le disiez-
vous?.. Si l'amour s'éteint entre deux époux,
ne reste-t-il pas l'amitié, la confiance?.... Ne
sommes-nous pas deux compagnons associés
pour faire une même route? Est-il dit que,
pendant le chemin, l'un n'aura jamais à tendre
la main à l'autre, pour le relever ou pour l'empêcher de tomber!...

Mais j'en dis même peut-être trop, et je
blesse votre fierté..... Elisa!... Elisa!

Que diable voulez-vous que réponde une
femme?.... Il y a nécessairement péripétie.

Sur cent femmes, il existe au moins une
bonne demi-douzaine de créatures faibles, qui,
dans cette grande secousse, reviennent peut-être
pour toujours à leurs maris.

Ce sont chats échaudés craignant désormais l'eau froide.

Cependant cette scène est un véritable alexipharmaque dont il faut savoir tempérer les doses.

Pour certaines femmes à fibres molles, dont les âmes sont douces et craintives, il suffira en montrant la cachette où gît l'amant, de dire :

—M. A-Z est là !... (On hausse les épaules.) Comment pouvez-vous jouer un jeu à faire tuer deux braves gens? Je sors, faites-le évader, et que cela n'arrive plus.

Mais il existe des femmes dont le cœur trop fortement dilaté, s'anévrise dans ces terribles péripéties. D'autres, chez lesquelles le sang se tourne, et qui font de graves maladies. Quelques-unes sont capables de devenir folles. Il n'est même pas sans exemple d'en avoir vu qui s'empoisonnaient ou qui mouraient de mort subite, et nous ne croyons pas que vous vouliez la mort du pécheur.

Cependant la plus jolie, la plus galante de toutes les reines de France, la gracieuse, l'infortunée Marie-Stuart, après avoir vu tuer Rizzio presque dans ses bras, n'en a pas moins aimé le comte de Bothwel; mais c'était une reine, et les reines !...

Nous supposerons donc que la femme dont nous avons dessiné le portrait dans notre première Méditation, est une petite Marie-Stuart, et nous ne tarderons pas à relever le rideau pour le cinquième acte de ce grand drame nommé le *Mariage*.

La péripétie conjugale peut éclater partout, et mille incidens indéfinissables la feront naître. Tantôt ce sera un mouchoir, comme dans le More de Venise, où une paire de pantoufles, comme dans don Juan; tantôt ce sera l'erreur de votre femme qui s'écriera :—Cher Alphonse! pour—cher Louis! Enfin souvent un mari, s'apercevant que sa femme est endettée, ira trouver le plus fort créancier, et l'amènera fortuitement chez lui un matin, pour y préparer une péripétie.

— Monsieur Josse, vous êtes orfèvre, et la passion que vous avez de vendre des bijoux n'est égalée que par celle d'en être payé. Madame la comtesse de *** vous doit trente mille francs. Si vous voulez les recevoir demain, (il faut toujours aller voir l'industriel à une fin de mois) venez chez elle à midi. Son mari sera dans la chambre, n'écoutez aucun des signes qu'elle pourra faire pour vous engager à garder le silence. Parlez hardiment. — Je paierai. — Enfin la péripétie est, dans la science du mariage, ce que sont les chiffres en arithmétique.

Tous les principes de haute philosophie conjugale qui animent les moyens de défense indiqués par cette Seconde Partie de notre livre, sont pris dans la nature des sentimens humains. Nous les avons trouvés épars dans le grand livre du monde. En effet, de même que les personnes d'esprit appliquent instinctivement les lois du goût dont elles seraient souvent fort embarrassées de déduire les principes; de même, nous avons vu nombre de gens passionnés employer, avec un rare bonheur, les enseignemens que nous venons de développer. Mais chez aucun d'eux, il n'y avait de plan fixe. Le sentiment de leur situation ne leur révélait que des fragmens incomplets d'un vaste système; semblables en cela à ces savans du XVI° siecle, dont les microscopes n'étaient pas encore assez perfectionnés pour leur permettre d'apercevoir tous les êtres dont un patient génie leur faisait pressentir l'existence.

Nous espérons que les observations déjà présentées dans ce livre, et celles qui doivent leur succéder, seront de nature à détruire l'opinion qui fait regarder, par des hommes frivoles, le mariage comme une sinécure. D'après nous, un mari qui s'ennuie est un hérétique, mieux que cela même, c'est un homme nécessairement en dehors de la vie conjugale et qui ne la conçoit pas. Sous ce rapport, peut-être, ces Méditations dénonceront-elles à bien des ignorans, les mystères d'un monde devant lequel ils restaient les yeux ouverts, sans le voir.

Espérons encore que ces principes sagement appliqués pourront opérer bien des conversions, et qu'entre les feuilles presque blanches qui séparent cette Seconde Partie de la Guerre civile, il y aura bien des larmes, et bien des repentirs.

Oui, sur les quatre cent mille femmes honnêtes que nous avons si soigneusement élues au sein de toutes les nations européennes, aimons à croire qu'il n'y en aura qu'un certain nombre, trois cent mille par exemple, qui seront assez perverses, assez charmantes, assez adorables, assez belliqueuses pour lever l'étendard de la GUERRE CIVILE.

— Aux armes donc, aux armes !...

FIN DE LA SECONDE PARTIE.

Belles comme les Séraphins de Klopstock, terribles
comme les diables de Milton.

(Diderot.)

TROISIEME PARTIE.

DE LA GUERRE CIVILE.

MÉDITATION XXIII.

DES MANIFESTES.

Les préceptes préliminaires dont la science peut armer ici un mari, sont en petit nombre. Il s'agit bien moins en effet de savoir s'il ne succombera pas, que d'examiner s'il peut résister.

Cependant, nous placerons ici quelques

fanaux pour éclairer cette arène où bientôt un mari va se trouver seul avec la Religion et la Loi, contre sa femme soutenue par la Ruse et la Société tout entière.

APHORISMES.

I.

On peut tout attendre et tout supposer d'une femme amoureuse.

II.

Les actions d'une femme qui veut tromper son mari, seront presque toujours étudiées; mais elles ne seront jamais raisonnées.

III.

La majeure partie des femmes procède comme la puce, par sauts et par bonds sans suite. Elles échappent par la hauteur ou la profondeur de leurs premières idées, et les interruptions de leurs plans les favorisent. Mais elles ne s'exercent que dans un espace

qu'il est facile à un mari de circonscrire; et,
s'il est de sang-froid, il peut finir par éteindre ce salpêtre organisé.

IV.

Un mari ne doit jamais se permettre une
seule parole hostile contre sa femme, en présence d'un tiers.

V.

Au moment où une femme se décide à trahir la foi conjugale, elle compte son mari pour
tout ou pour rien. On peut partir de là.

VI.

La vie de la femme est dans la tête, dans le
cœur, ou dans la passion. A l'âge où sa femme
a jugé la vie, un mari doit savoir si la cause
première de l'infidélité qu'elle médite procède
de la vanité, du sentiment ou du tempérament. Le tempérament est une maladie à guérir;
le sentiment offre à un mari de grandes chances
de succès; mais la vanité est incurable. La femme

qui vit de la tête est un épouvantable fléau. Elle réunira les défauts de la femme passionnée et de la femme aimante, sans en avoir les excuses. Elle est sans pitié, sans amour, sans vertu, sans sexe.

VII.

Une femme qui vit de la tête, tâchera d'inspirer à un mari de l'indifférence; la femme qui vit du cœur, de la haine; la femme passionnée, du dégoût.

VIII.

Un mari ne risque jamais rien de faire croire à sa fidélité, et de garder un air patient ou le silence. Le silence surtout inquiète prodigieusement les femmes.

IX.

Paraître instruit de la passion de sa femme est d'un sot; mais feindre d'ignorer tout, est d'un homme d'esprit, et il n'y a guère que ce parti à prendre. Aussi dit-on qu'en France tout le monde est spirituel.

X.

Le grand écueil est le ridicule. — Au moins
aimons-nous en public! doit être l'axiôme d'un
ménage. C'est trop perdre, que de perdre
tous deux l'honneur, l'estime, la considération,
le respect, tout comme il vous plaira de nommer ce je ne sais quoi social.

Ces axiômes ne concernent encore que la
lutte. Quant à la catastrophe, elle aura les
siens.

—

Nous avons nommé cette crise, *Guerre civile*,
par deux raisons : jamais guerre ne fut plus in-
testine et en même temps plus polie. Mais où
et comment éclatera-t-elle cette fatale guerre?
Hé! croyez-vous que votre femme aura des
régimens et sonnera de la trompettte, elle aura
peut-être un officier, voilà tont. Et ce faible
corps d'armée suffira pour détruire la paix de
votre ménage.

— Vous m'empêchez de voir ceux qui me
plaisent! — est un exorde qui a servi de manifeste dans la plupart des ménages. Cette

phrase, et toutes les idées qu'elle traîne à sa suite, est la formule employée le plus souvent par les femmes vaines et artificieuses.

Le manifeste le plus général est celui qui se proclame au lit conjugal, principal théâtre de la guerre. Cette question sera traitée particulièrement dans la Méditation intitulée : *Des différentes Armes*, au paragraphe, *De la pudeur dans ses rapports avec le mariage.*

Quelques femmes lymphatiques affecteront d'avoir le spleen, et feront les mortes pour obtenir les bénéfices d'un secret divorce.

Mais presque toutes doivent leur indépendance à un plan dont l'effet est infaillible sur la plupart des maris et dont nous allons trahir les perfidies.

Une des plus grandes erreurs humaines consiste dans cette croyance que notre honneur et notre réputation s'établissent par nos actes, ou résultent de l'approbation que la conscience donne à notre conduite. Un homme qui vit dans le monde est né l'esclave de l'opinion publique. Or un homme privé a, en France, bien moins d'action que sa femme sur le monde : il ne tient qu'à celle-ci de le ridiculiser. Les femmes possèdent à merveille le talent de colorer par des raisons spécieuses les récriminations qu'elles se permettent de faire. Elles ne défendent jamais que leurs torts, et c'est un art dans lequel elles excellent, sachant opposer des autorités aux raisonnemens, des assertions aux preuves, et remporter souvent de petits succès de détail. Elles se devinent et se comprennent admirablement quand l'une d'elles présente à une autre une arme qu'il lui est interdit d'affiler. C'est ainsi qu'elles perdent un mari quelquefois sans le vouloir. Elles apportent l'allumette et, long-temps après, elles sont effrayées de l'incendie.

En général toutes les femmes se liguent contre un homme marié accusé de tyrannie; car il existe un lien secret entre elles, comme entre tous les prêtres d'une même religion. Elles se haïssent, mais elles se protègent. Vous n'en pourriez jamais gagner qu'une seule; et, encore pour votre femme, cette séduction serait un triomphe.

Alors vous êtes mis au ban de l'empire féminin. Vous trouvez des sourires d'ironie sur toutes les lèvres, vous rencontrez des épi-

grammes dans toutes les réponses. Ces spirituelles créatures forgent des poignards dont
elles s'amusent à sculpter le manche, avant
de vous en frapper avec grâce.

L'art perfide des réticences, les malices du
silence, la méchanceté des suppositions, la
fausse bonhomie d'une demande, tout est
employé contre vous. Un homme qui prétend
maintenir sa femme sous le joug est d'un trop
dangereux exemple, pour qu'elles ne le détrui-
sent pas. Sa conduite ne ferait-elle pas la satire
de tous les maris. Aussi, elles vous attaquent,
soit par d'amères plaisanteries, soit par des
argumens sérieux ou par les maximes banales
de la galanterie. Un essaim de célibataires
appuie toutes leurs tentatives, et vous êtes as-
sailli, poursuivi comme un original, comme
un tyran, comme un mauvais coucheur,
comme un homme bizarre, comme un homme
dont il faut se défier.

Votre femme vous défend à la manière de
l'ours dans la fable de Lafontaine, elle vous
jette des pavés à la tête pour chasser les
mouches qui s'y posent. Elle vous raconte,
le soir, tous les propos qu'elle a entendu

tenir sur vous, et vous demandera compte d'actions que vous n'aurez point faites, de discours que vous n'aurez pas tenus. Elle vous aura justifié de délits prétendus; elle se sera vantée d'avoir une liberté qu'elle n'a pas, pour vous disculper du tort que vous avez de ne pas la laisser libre. L'immense cré-celle que votre femme agite, vous poursuivra partout de son bruit importun. Votre chére amie vous étourdira, vous tourmentera et s'a-musera à ne vous faire sentir que les épines du mariage. Elle vous accueillera d'un air très-riant dans le monde et sera très-revêche à la maison. Elle aura de l'humeur quand vous serez gai et vous impatientera de sa joie quand vous serez triste. Vos deux visages formeront une antithèse perpétuelle.

Peu d'hommes ont assez de force pour ré-sister à cette première comédie toujours habi-lement jouée, et qui ressemble au Hourra que jettent les Cosaques en marchant au com-bat. Alors il y a des maris qui se fâchent, et qui se donnent des torts. D'autres abandonnent leurs femmes. Enfin quelques intelligences su-périeures ne savent même pas toujours manier la baguette enchantée qui doit dissiper cette fantasmagorie féminine.

Les deux tiers des femmes savent conquérir leur indépendance par cette seule manœuvre qui n'est en quelque sorte que la revue de leurs forces. Alors la guerre est bientôt terminée.

Mais un homme puissant, qui a le courage de conserver son sang-froid au milieu de ce premier assaut, peut s'amuser beaucoup en dévoilant à sa femme, par des railleries spirituelles, les sentimens secrets qui la font agir; en la suivant pas à pas dans le labyrinthe où elle s'engage; en lui disant à chaque parole qu'elle se ment à elle-même; en ne quittant jamais le ton de la plaisanterie et en ne s'emportant pas.

Cependant la guerre est déclarée et, si un mari n'a pas été ébloui par ce premier feu d'artifice, une femme a, pour assurer son triomphe, bien d'autres ressources que les Méditations suivantes vont dévoiler.

MÉDITATION

XXIV.

PRINCIPES DE STRATÉGIE.

L'archiduc Charles a donné un très-beau traité sur l'art militaire, intitulé : *Principes de Stratégie appliqués aux campagnes de* 1796. Ces principes nous paraissent ressembler un peu aux poétiques faites pour des poèmes publiés. Aujourd'hui nous sommes devenus beaucoup plus forts; car nous inventons des règles pour des ouvrages et des ouvrages pour des règles. Mais, à quoi ont servi les anciens principes de l'art militaire devant l'impétueux génie de Napoléon? Si donc, aujourd'hui, vous réduisez en système les enseignemens donnés par ce grand capitaine, dont la tactique nouvelle a ruiné l'ancienne, quelle garantie avez-vous de l'avenir pour croire qu'il n'enfantera pas un autre Napoléon? Les livres sur l'art militaire ont, à quelques exceptions près, le sort des anciens ouvrages sur la chimie et la physique. Tout change sur le terrain ou par périodes séculaires.

Ceci est en peu de mots l'histoire de notre ouvrage.

Tant que nous avons opéré sur une femme inerte, endormie, rien n'a été plus facile que de tresser les filets sous lesquels nous l'avons contenue; mais du moment où elle se réveille et se débat, tout se mêle et se complique. Si un mari voulait tâcher de se recorder avec les principes du système précédent, pour envelopper sa femme dans les rets troués que la Seconde Partie a tendus, il ressemblerait à Wurmser, Mack et Beaulieu, faisant des campemens et des marches, pendant que Napoléon les tournait lestement, et se servait pour les perdre, de leurs propres combinaisons.

Ainsi agira votre femme.

Comment savoir la vérité, quand vous vous la déguiserez l'un à l'autre sous le même mensonge, et quand vous vous présenterez la même souricière? A qui sera la victoire, quand vous vous serez pris tous deux les mains dans le même piège?

— Mon bon trésor, j'ai à sortir; il faut que j'aille chez madame une telle, j'ai demandé les chevaux. Voulez-vous venir avec moi? Allons, soyez aimable? accompagnez votre femme.

Vous vous dites en vous-même: — Elle serait bien attrapée, si j'acceptais! Elle ne me prie tant que pour être refusée. Alors vous lui répondez :

— J'ai précisément affaire chez monsieur un tel; car il est chargé d'un rapport qui peut compromettre nos intérêts dans telle entreprise, et il faut que je lui parle absolument. Puis, je dois aller au ministère des finances; ainsi, cela s'arrange à merveille.

— Eh bien, mon ange, va t'habiller pendant que Céline achèvera ma toilette ; mais ne me fais pas attendre.

— Ma chérie, me voici prêt!... dites-vous en arrivant au bout de quelques minutes, tout botté, rasé, habillé.

Mais tout a changé. Une lettre est survenue, madame est indisposée, la robe va mal, la couturière arrive ; si ce n'est pas la couturière, c'est votre fils, c'est votre mère. Sur cent maris, il en existe quatre-vingt-dix-neuf qui partent contens, et croyent leurs femmes bien gardées quand ce sont elles qui les mettent à la porte.

Une femme légitime à laquelle son mari ne saurait échapper, qu'aucune inquiétude pécuniaire ne tourmente, et qui, pour employer le luxe d'intelligence dont elle est travaillée, contemple nuit et jour les changeans tableaux de ses journées, a bientôt découvert la faute qu'elle a commise en tombant dans une souricière, ou en se laissant surprendre par une péripétie. Alors elle essayera de tourner toutes ces armes contre vous-même.

Il existe dans la société un homme dont la vue

contrarie étrangement votre femme. Elle ne saurait en souffrir le ton, les manières, le genre d'esprit. De lui, tout la blesse, elle en est persécutée, il lui est odieux, qu'on ne lui en parle pas. Il semble qu'elle prenne à tâche de vous contrarier; car il se trouve que c'est un homme dont vous faites le plus grand cas, vous en aimez le caractère parce qu'il vous flatte; aussi, votre femme prétend-elle que votre estime est un pur effet de vanité. Si vous donnez un bal, une soirée, un concert, vous avez presque toujours une discussion à son sujet; et madame vous querelle de ce que vous la forcez à voir des gens qui ne lui conviennent pas.

— Au moins, monsieur, je n'aurai pas à me reprocher de ne pas vous avoir averti. Cet homme-là vous causera quelque chagrin. Fiez-vous un peu aux femmes quand il s'agit de juger un homme. Et permettez-moi de vous dire que *ce baron* dont vous vous amourachez est un très-dangereux personnage, et que vous avez le plus grand tort de l'amener chez vous. Mais voilà comme vous êtes, vous me contraignez à voir un visage que je ne puis souffrir, et je vous demanderais d'inviter *monsieur un tel,* vous n'y consentiriez pas parce que vous croyez que j'ai du plaisir à me trouver avec lui? J'avoue qu'il cause bien, qu'il est complaisant, aimable, mais vous valez encore mieux que lui.

Ces rudimens informes d'une tactique féminine fortifiée par des gestes décevans, par des regards d'une incroyable finesse, par les perfides intonations de la voix, et même par les pièges d'un malicieux silence, sont en quelque sorte l'esprit de leur conduite.

Là il est peu de maris qui ne conçoivent l'idée de construire une petite souricière, ils impatronisent chez eux, et le *monsieur un tel* et le fantastique *baron* qui représente le personnage abhorré par leurs femmes, espérant découvrir un amant dans la personne du célibataire aimé en apparence.

Oh! que j'ai souvent rencontré dans le monde, des jeunes gens, véritables étourneaux en amour, qui étaient entièrement dupes de l'amitié mensongeresse que leur témoignaient des femmes obligées de faire une diversion, et de poser un moxa à leurs maris, comme jadis leurs maris leur en avaient appliqué!... Ces pauvres innocens passaient leur temps à minutieusement accomplir des commissions, à aller louer des loges, à se promener à cheval en accompagnant au bois de Boulogne la calèche de leurs prétendues maîtresses. On leur donnait publiquement des femmes dont ils ne baisaient même pas la main. L'amour - propre les empêchait de démentir cette rumeur amicale ; et, semblables à ces jeunes prêtres qui disent des messes blanches, ils jouissaient d'une passion de parade, véritables surnuméraires d'amour.

Dans ces circonstances, quelquefois un mari, rentrant chez lui, demande à son concierge :

— Est-il venu quelqu'un ?

— Monsieur le *baron* est passé pour voir monsieur à deux heures ; comme il n'a trouvé que madame il n'est pas monté ; mais *monsieur un tel* est chez elle.

Vous arrivez, vous voyez un jeune célibataire, pimpant, parfumé, bien cravatté, dandy parfait.

Il a des égards pour vous, votre femme écoute à la dérobée le bruit de ses pas, et danse toujours avec lui. Si vous lui défendez de le voir elle jette les hauts cris, et ce n'est qu'après longues années, (voir la Méditation des *Derniers Symptômes*) que vous vous apercevez de l'innocence de *Monsieur un tel* et de la culpabilité du *baron*.

Nous avons observé, comme une des plus habiles manœuvres, celle d'une jeune femme entraînée par une irrésistible passion, qui avait accablé de sa haine celui qu'elle n'aimait pas, et qui prodiguait à son amant les marques imperceptibles de son amour.

Au moment où son mari fut persuadé qu'elle aimait le *sigisbeo* et détestait le *patito*, elle se plaça elle-même avec le *patito*, dans une situation dont elle avait d'avance calculé le risque, et qui fit croire au mari et au célibataire exécré que son aversion et son amour étaient également feints. Quand elle eut plongé son mari dans cette incertitude, elle laissa tomber entre ses mains une lettre passionnée. Alors un soir, au milieu de l'admirable péripétie qu'elle avait *mijotée*, elle se jeta aux pieds de son époux, les arrosa de larmes, et sut accomplir le coup de théâtre à son profit.

— Je vous estime et vous honore assez, s'écria-t-elle, pour n'avoir pas d'autre confi-

dent que vous-même. J'aime! est-ce un sentiment que je puisse facilement dompter? Mais
ce que je puis faire, c'est de vous l'avouer.
C'est de vous supplier de me protéger contre
moi-même, de me sauver de moi. Soyez mon
maître, et soyez-moi sévère, arrachez-moi
d'ici, éloignez celui qui a causé tout le mal.
Consolez-moi, je l'oublierai, je le désire. Je
ne veux pas vous trahir. Je vous demande
humblement pardon de la perfidie que m'a
suggérée l'amour. Oui, je vous avouerai que
le sentiment que je feignais pour mon cousin était un piège tendu à votre perspicacité.
Je l'aime d'amitié, mais d'amour... Oh! pardonnez-moi!... je ne puis aimer que.... (ici
force sanglots). Oh partons, quittons Paris.

Elle pleurait, ses cheveux étaient épars, sa
toilette en désordre, il était minuit, le mari
pardonna.

Le cousin parut désormais sans danger, et
le Minotaure dévora une victime de plus.

Quels préceptes peut-on donner pour combattre de tels adversaires? Toute la diplo-
matie du congrès de Vienne est dans leurs
têtes. Elles sont aussi fortes quand elles se

livrent que quand elles échappent. Quel homme est assez souple pour déposer sa force et sa puissance, et pour les suivre dans ce dédale ?

Plaider à chaque instant le faux pour savoir le vrai, le vrai pour découvrir le faux ; changer à l'improviste la batterie, et enclouer son canon, au moment de faire feu ; monter avec l'ennemi sur une montagne, pour redescendre cinq minutes après dans la plaine ; l'accompagner dans ses détours aussi rapides, aussi embrouillés que ceux d'un vanneau dans les airs ; obéir quand il le faut, et opposer à propos une résistance d'inertie ; posséder l'art de parcourir, comme un jeune artiste court dans un seul trait de la dernière note de son piano à la plus haute, toute l'échelle des suppositions et deviner juste l'intention secrète qui meut une femme ; craindre ses caresses, et y chercher plutôt des pensées que des plaisirs, tout cela est un jeu d'enfant pour un homme d'esprit et pour ces imaginations lucides et observatrices qui ont le don d'agir en pensant ; mais il existe une immense quantité de maris, effrayés à la seule idée de mettre en pratique ces principes, à l'occasion d'une femme.

Ils préfèrent passer leur vie à se donner bien plus de mal pour parvenir à être de seconde force aux échecs, ou à faire lestement une bille.

Les uns vous diront qu'ils sont incapables de tendre ainsi perpétuellement leur esprit, et de rompre toutes leurs habitudes. Alors une femme triomphe. Elle reconnaît avoir sur son mari une supériorité d'esprit ou d'énergie, bien que cette supériorité ne soit que momentanée, et de là naît chez elle un sentiment de mépris pour le chef de la famille.

Si tant d'hommes ne sont pas maîtres chez eux, ce n'est pas défaut de bonne volonté, mais de talent.

Quant à ceux qui acceptent les travaux passagers de ce terrible duel, ils ont, il est vrai, besoin d'une grande force morale.

En effet, au moment où il faut déployer toutes les ressources de cette stratégie secrète, il est souvent inutile d'essayer à tendre des pièges à ces créatures sataniques. Une fois que les femmes sont arrivées à une certaine volonté de dissimulation, leurs visages deviennent aussi impénétrables que le néant. Voici un exemple à moi connu.

Une très-jeune, très-jolie et très-spirituelle coquette de Paris, n'était pas encore levée, elle avait au chevet de son lit un de ses *amis* les plus chers. Arrive une lettre d'un autre de ses amis les plus fougueux, auquel elle avait laissé prendre le droit de parler en maître. Le billet était au crayon et ainsi conçu :

J'apprends que M. C... est chez vous en ce moment, je l'attends pour lui brûler la cervelle.

Madame D.... continue tranquillement la conversation avec M. C.... Elle le prie de lui donner un petit pupitre de maroquin rouge. Il l'apporte.

— Merci, cher!..... lui dit-elle, allez toujours, je vous écoute.

C.... parle et elle lui répond, tout en écrivant le billet suivant :

Du moment où vous êtes jaloux de C...... vous pouvez vous brûler tous deux la cervelle à votre aise, vous pourrez mourir, mais rendre l'esprit ?... J'en doute.

— Mon bon ami, lui dit-elle, allumez

cette bougie, je vous prie. Bien, vous êtes adorable. Maintenant, faites-moi le plaisir de me
laisser lever, et remettez cette lettre à M. d'H.
qui l'attend à ma porte.

Tout cela fut dit avec un sang-froid inimitable. Le son de voix , les intonations, les
traits du visage, rien ne s'émut. Cette audacieuse conception fut couronnée par un succès complet. M. d'H... en recevant la réponse
des mains de M. C... sentit sa colère s'apaiser,
et ne fut plus tourmenté que d'une chose, à
savoir, de déguiser son envie de rire.

Mais plus on jettera de torches dans l'immense caverne que nous essayons d'éclairer,
et plus on la trouvera profonde. C'est un abîme
sans fond. Nous croyons accomplir notre tâche
d'une manière plus agréable et plus instructive
en montrant les principes de stratégie mis en
action à l'époque où la femme avait atteint à
un haut degré de perfection vicieuse. Un
exemple fait concevoir plus de maximes, révèle
plus de ressources que toutes les théories
possibles.

Un jour, à la fin d'un repas donné à quelques intimes, par le prince Lebrun, les con vives échauffés par le champagne en étaient sur le chapitre intarissable des ruses féminines. La récente aventure arrivée à madame la comtesse R. D. S. J. D. A. à propos d'un collier, avait été le principe de cette conversation.

Un artiste estimable, un savant aimé de l'Empereur, soutenait vigoureusement l'opinion peu virile suivant laquelle il serait interdit à l'homme de résister avec succès aux trames ourdies par la femme.

— J'ai heureusement éprouvé, disait-il, que rien n'est sacré pour elles...

Les dames se récrièrent.

— Mais je puis citer un fait......

— C'est une exception !

—Écoutons l'histoire !.. dit une jeune dame.

— Oh! racontez-nous la !... s'écrièrent tous les convives.

Le prudent vieillard jeta les yeux autour de lui, et après avoir vérifié l'âge des dames, il sourit en disant : — Puisque nous avons tous expérimenté la vie, je consens à vous narrer l'aventure.

Il se fit un grand silence, et le conteur commença à peu près en ces termes :

— J'aimais éperduement la comtesse de ***. J'avais vingt ans et j'étais ingénu, elle me trompa, je me fâchai, elle me quitta; j'étais ingénu, je la regrettai; j'avais vingt ans, elle me pardonna; et comme j'avais vingt ans, que j'étais ingénu, toujours trompé, mais plus quitté, je me croyais l'amant le mieux aimé, partant le plus heureux des hommes.

La comtesse était l'amie de madame de T.... qui semblait avoir quelques projets sur ma personne, mais sans que sa dignité se fût jamais compromise; car elle était scrupuleuse et pleine de décence. Un jour, attendant la comtesse dans sa loge, je m'entends appeler de la loge voisine. C'était madame de T....

— Quoi, me dit-elle, déjà arrivé! Est-ce fidélité ou désœuvrement? Allons, venez?

Sa voix et ses manières avaient de la lutinerie, mais j'étais loin de m'attendre à quelque chose de romanesque.

— Avez-vous des projets pour ce soir? me dit-elle. N'en ayez pas. Si je vous sauve l'ennui de votre solitude, il faut m'être dévoué. — Ah! point de questions et de l'obéissance. — Appelez mes gens?

Je me prosterne, on me presse de descendre, j'obéis.

— Allez chez monsieur, dit-elle au laquais. Avertissez qu'il ne reviendra que demain.

Puis on lui fait un signe, il s'approche, on lui parle à l'oreille et il part.

L'opéra commence. Je veux hasarder quelques mots, on me fait taire, on m'écoute ou l'on fait semblant. Le premier acte fini, le laquais rapporte un billet, et prévient que tout est prêt. Alors elle me sourit, me demande la main, m'entraîne, me fait entrer dans sa voiture, et je suis sur une grande route sans avoir pu savoir à quoi j'étais destiné.

A chaque question que je hasardais, j'obtenais un grand éclat de rire pour toute réponse. Si je n'avais pas su qu'elle était femme à grande passion, qu'elle avait depuis long-temps une inclination pour le marquis de V..., qu'elle ne pouvait ignorer que j'en fusse instruit, je me serais cru en bonne fortune; mais elle connaissait l'état de mon cœur et la comtesse de *** était son amie intime. Donc, je me défendis de toute idée présomptueuse et j'attendis.

Au premier relais, nous repartimes après

avoir été servis avec la rapidité de l'éclair. Cela devenait sérieux. Je demandai avec instance jusqu'où me mènerait cette plaisanterie.

— Où? dit-elle en riant. Dans le plus beau séjour du monde; mais devinez? Je vous le donne en mille. Jetez votre langue aux chiens, car vous ne devineriez jamais. C'est chez mon mari. — Le connaissez-vous?

— Pas le moins du monde.

— Ah tant mieux! — Je le craignais. Mais j'espère que vous en serez content. On nous réconcilie. Il y a six mois que cela se négocie; et, depuis un mois, nous nous écrivons. Il est je pense assez galant à moi de l'aller trouver.

—D'accord. Mais, moi, que ferais-je là? A quoi puis-je être bon dans un raccommodement?

— Eh ce sont mes affaires! Vous êtes jeune, aimable, point manégé, vous me convenez et me sauverez l'ennui du tête à tête.

— Mais, prendre le jour, ou la nuit, d'un raccommodement pour faire connaissance, cela me paraît bizarre : l'embarras d'une première entrevue, la figure que nous ferons tous trois, je ne vois rien là de bien plaisant.

— Je vous ai pris pour m'amuser!.... dit-elle d'un air assez impérieux. Ainsi ne me prêchez pas.

Je la vis si décidée que je pris mon parti. Je me mis à rire de mon personnage et nous devînmes très-gais.

Nous avions encore changé de chevaux. Le flambeau mystérieux de la nuit éclairait un ciel d'une extrême pureté et répandait un demi-jour voluptueux.

Nous approchions du lieu où devait finir le tête-à-tête. On me faisait admirer, par intervalle, la beauté du paysage, le calme de la nuit, le silence pénétrant de la nature. Pour admirer ensemble, comme de raison, nous nous penchions à la même portière et nos visages s'effleuraient. Dans un choc imprévu, elle me serra la main; et, par un hasard qui me parut bien extraordinaire, car la pierre que heurta notre voiture n'était pas très-grosse, je retins madame de T... dans mes bras. Je ne sais ce que nous cherchions à voir, ce qu'il y a de sûr, c'est que les objets commençaient, malgré le clair de lune, à se brouiller à mes yeux, lorsqu'on se débarrassa brusquement de moi et qu'on se rejeta au fond du carrosse.

— Votre projet, me dit-on, après une rêverie assez profonde, est-il de me convaincre de l'imprudence de ma démarche?

Jugez de mon embarras!....

— Des projets..... répondis-je; avec vous, quelle duperie! Vous les verriez venir de trop loin, mais une surprise, un hasard, cela se pardonne.

— Vous avez compté là-dessus, à ce qu'il me semble.

Nous en étions là et nous ne nous apercevions pas que nous entrions dans la cour du château. Tout y était éclairé et annonçait le plaisir, excepté la figure du maître qui devint, à mon aspect, extrêmement rétive à exprimer la joie. Il vint jusqu'à la portière exprimant une tendresse équivoque ordonnée par le besoin d'une réconciliation. Je sus plus tard que cet accord était impérieusement exigé par des raisons de famille.

On me présente, il me salue légèrement. Il offre la main à sa femme, et je suis les deux époux, en rêvant à mon personnage, passé, présent et à venir. Je parcourus des appartemens décorés avec un goût exquis. Le maître enchérissait sur toutes les recherches du luxe, pour parvenir à ranimer par des images voluptueuses un physique éteint.

Ne sachant que dire, je me sauvai par l'admiration. La déesse du temple, habile à en faire les honneurs, reçut mes complimens.

— Vous ne voyez rien, dit-elle, il faut que je vous mène à l'appartement de monsieur.

— Madame, il y a cinq ans que je l'ai fait démolir.

— Ah! ah! dit-elle.

A souper, ne voilà-t-il pas qu'elle s'avise d'offrir à monsieur du veau de rivière, et que monsieur lui répond :

— Madame, je suis au lait depuis trois ans.

— Ah! ah! dit-elle encore.

Qu'on se peigne trois êtres aussi étonnés que nous de se trouver ensemble. Le mari me regardait d'un air rogue, et je payais d'audace. Madame de T.... me souriant était charmante. Monsieur de T.... m'acceptait comme un mal nécessaire. Madame de T.... le lui rendait à merveille. Aussi, n'ai-je jamais fait en ma vie un souper plus bizarre que le fut celui-là.

Le repas fini, je m'imaginais bien que

nous nous coucherions de bonne heure; mais je n'imaginais bien que pour M. de T.....

En entrant dans le salon: — Je vous sais gré, madame, dit-il, de la précaution que vous avez eue d'amener monsieur. Vous avez bien jugé que j'étais de méchante ressource pour la veillée et vous avez sagement fait, car je me retire.

Puis se tournant de mon côté, il ajouta d'un air profondément ironique : — Monsieur voudra bien me pardonner et se chargera de mes excuses auprès de madame.

Il nous quitta.

Des réflexions?.. j'en fis en une minute pour un an.

Restés seuls, nous nous regardâmes si singulièrement madame de T. et moi, que, pour nous distraire, elle me proposa de faire un tour sur la terrasse :

— En attendant seulement, me dit-elle, que les gens eussent soupé.

La nuit était superbe. Elle laissait entrevoir les objets à peine, et semblait ne les voiler que pour laisser prendre un plus vaste essor à l'imagination. Les jardins, appuyés sur le revers d'une montagne, descendaient en terrasse jus-

ques sur la rive de la Seine, et l'on embrassait
ses sinuosités multipliées, couvertes de petites
îles vertes et pittoresques. Ces accidens produisaient mille tableaux qui enrichissaient ces
lieux, déjà ravissans par eux-mêmes, de mille
trésors étrangers.

Nous nous promenâmes sur la plus longue
des terrasses. Elle était couverte d'arbres épais.
On s'était remis de l'effet produit par le persi-
flage conjugal, et tout en marchant on me fit
quelques confidences... Les confidences s'atti-
rent; j'en faisais à mon tour, et elles devenaient
toujours plus intimes et plus intéressantes.

Madame de T. m'avait d'abord donné son
bras; ensuite ce bras s'était entrelacé, je ne sais
comment, tandis que le mien la soulevait presque et l'empêchait de poser à terre. L'attitude
était agréable mais fatigante à la longue. Il
y avait long-temps que nous marchions, et
nous avions encore beaucoup à nous dire. Un
banc de gazon se présenta et l'on s'y assit sans
changer d'attitude.

Ce fut dans cette position que nous com-
mençâmes à faire l'éloge de la confiance, de
son charme, de ses douceurs.........

— Ah! me dit-elle, qui peut en jouir mieux que nous, et avec moins d'effroi?....... Je sais trop combien vous tenez au lien que je vous connais pour avoir rien à redouter auprès de vous......

Peut-être voulait-elle être contrariée? — Je n'en fis rien.

Nous nous persuadâmes donc mutuellement que nous ne pouvions être que deux amis inattaquables.

—J'appréhendais cependant, lui dis-je, que cette surprise de tantôt, dans la voiture, n'eût effrayé votre esprit?....

— Oh je ne m'alarme pas si aisément!....

— Je crains qu'elle ne vous ait laissé quelque nuage?......

— Que faut-il pour vous rassurer?......

— Que vous m'accordiez ici le baiser que le hasard..........

—Je le veux bien; sinon, votre amour-propre vous ferait croire que je vous crains....

J'eus le baiser......

Il en est des baisers comme des confidences. Le premier en entraîna un autre, puis un autre...

Ils se pressaient, ils entrecoupaient la conversation, ils la remplaçaient. A peine laissaient-ils aux soupirs la liberté de s'échapper.... Le silence survint........ On l'entendit, car on entend le silence. Nous nous levâmes sans mot dire, et nous recommençâmes à marcher.

— Il faut rentrer.... dit-elle, car l'air de la rivière est glacial et ne nous vaut rien....

— Je le crois peu dangereux pour nous, répondis-je.

— Peut-être! — N'importe, rentrons.

— Alors c'est par égard pour moi? Vous voulez sans doute me défendre contre le danger des impressions d'une telle promenade.... des suites qu'elle peut avoir.......pour moi...... seul.........

— Vous êtes modeste !.. dit-elle en riant, et vous me prêtez de singulières délicatesses.

— Y pensez-vous? Mais, puisque vous l'entendez ainsi, rentrons; je l'exige.

(Propos gauches qu'il faut passer à deux êtres qui s'efforcent de dire toute autre chose que ce qu'ils pensent.)

Elle me força donc de reprendre le chemin du château.

Je ne sais, je ne savais, du moins, si ce

parti était une violence qu'elle se faisait, si c'était une résolution bien décidée, ou si elle partageait le chagrin que j'avais de voir terminer ainsi une scène si bien commencée; mais par un mutuel instinct nos pas se ralentissaient et nous cheminions tristement, mécontens l'un de l'autre et de nous-mêmes.

Nous ne savions ni à qui, ni à quoi nous en prendre. Nous n'étions ni l'un ni l'autre en droit de rien exiger, de rien demander. Nous n'avions pas seulement la ressource d'un reproche. Qu'une querelle nous aurait soulagés! Mais où la prendre ?........ Cependant nous approchions, occupés en silence de nous soustraire au devoir que nous nous étions si maladroitement imposé.

Nous touchions à la porte, lorsque madame de T. me dit :

— Je ne suis pas contente de vous!.... Après la confiance que je vous ai montrée, ne m'en accorder aucune!....... Vous ne m'avez pas dit un mot de la comtesse. Il est pourtant si doux de parler de ce qu'on aime !...... Je vous aurais écouté avec tant d'intérêt...C'était bien le moins après vous avoir privé d'elle.....

— N'ai-je pas le même reproche à vous faire?.. dis-je en l'interrompant. Et si au lieu de me rendre confident de cette singulière réconciliation où je joue un rôle si bizarre, vous m'eussiez parlé du marquis...

— Je vous arrête!.... dit-elle. Pour peu que vous connaissiez les femmes, vous savez qu'il faut les attendre sur les confidences... Revenons à vous. Êtes-vous bien heureux avec mon amie?.. Ah je crains le contraire......

— Pourquoi, madame, croire avec le public ce qu'il s'amuse à répandre?

— Epargnez-vous la feinte.... La comtesse est moins mystérieuse que vous. Les femmes de sa trempe sont prodigues des secrets de l'amour et de leurs adorateurs, surtout lorsqu'une tournure discrète comme la vôtre peut dérober le triomphe. Je suis loin de l'accuser de coquetterie; mais une prude n'a pas moins de vanité qu'une femme coquette.... Allons, parlez-moi franchement, n'avez-vous pas à vous en plaindre?......

— Mais, madame, l'air est vraiment trop glacial pour rester ici; vous vouliez rentrer?.. dis-je en souriant.

— Vous trouvez?.. Cela est singulier. L'air est chaud.

Elle avait repris mon bras, et nous recommençâmes à marcher sans que je m'aperçusse de la route que nous prenions. Ce qu'elle venait de me dire de l'amant que je lui connaissais, ce qu'elle me disait de ma maîtresse, ce voyage, la scène du carrosse, celle du banc de gazon, l'heure, le demi-jour, tout me troublait. J'étais tout à la fois emporté par l'amour-propre, les désirs, et ramené par la réflexion, ou trop ému peut-être pour me rendre compte de ce que j'éprouvais. Tandis que j'étais la proie de sentimens si confus elle me parlait toujours de la comtesse, et mon silence confirmait ce qu'il lui plaisait de m'en dire. Cependant quelques traits me firent revenir à moi.

— Comme elle est fine! disait-elle. Qu'elle a de grâces! Une perfidie, dans sa bouche, prend l'air d'une saillie; une infidélité paraît un effort de raison, un sacrifice à la décence; point d'abandon, toujours aimable; rarement tendre, jamais vraie; galante par caractère, prude par système; vive, prudente, adroite, étourdie; c'est un protée pour les formes, c'est une grâce pour les manières; elle attire, elle échappe. Que je lui ai vu jouer de rôles! Entre nous, que de dupes l'environnent! Comme elle s'est moquée du baron, que de tours elle a faits au marquis! Lorsqu'elle vous prit, c'était pour distraire ces deux rivaux: ils étaient sur le point de faire un éclat; car elle les avait trop ménagés et ils avaient en le temps de l'observer. Mais elle vous mit en scène, les occupa de vous, les amena à des recherches nouvelles, vous désespéra, vous plaignit, vous consola..... Ah, qu'une femme adroite est heureuse lorsqu'à ce jeu-là elle affecte tout et n'y met rien du sien! — Mais aussi, est-ce le bonheur ?...

Cette dernière phrase, accompagnée d'un soupir significatif, fut le coup de maître. Je sentis tomber un bandeau de mes yeux sans voir celui qu'on y mettait. Ma maîtresse me parut la plus fausse des femmes et je crus tenir l'être sensible. Alors je soupirai aussi, sans savoir où irait ce soupir...

On parut fâchée de m'avoir affligé, et de s'être laissé emporter à une peinture qui pouvait paraître suspecte, faite par une femme. Je répondis je ne sais comment; car sans rien con-

cevoir à tout ce que j'entendais, nous prî-
mes tout doucement la grande route du sentiment; et nous la reprenions de si haut qu'il
était impossible d'entrevoir le terme du voyage.
Heureusement que nous prenions aussi le chemin d'un pavillon qu'on me montra au bout
de la terrasse, pavillon témoin des plus doux
momens.

On me détailla l'ameublement. Quel dom-
mage de n'en pas avoir la clé! Tout en causant
nous approchâmes du pavillon, et il se trouva
ouvert. Il lui manquait la clarté du jour, mais
l'obscurité a bien ses charmes. Nous frémî-
mes en y entrant... C'était un sanctuaire, de-
vait-il être celui de l'amour? Nous allâmes nous
asseoir sur un canapé, et nous y restâmes un
moment à entendre nos cœurs. Le dernier rayon
de la lune emporta bien des scrupules. La main
qui me repoussait sentait battre mon cœur.
On voulait fuir; on retombait plus attendrie.

Nous nous entretînmes dans le silence par
le langage de la pensée. Rien n'est plus ravissant que ces muettes conversations. Madame
de T. se réfugiait dans mes bras, cachait sa tête
dans mon sein, soupirait et se calmait à mes

caresses ; elle s'affligeait, se consolait, et demandait à l'amour pour tout ce que l'amour venait de lui ravir.

La rivière rompait le silence de la nuit par un murmure doux qui semblait d'accord avec les palpitations de nos cœurs. L'obscurité était trop grande pour laisser distinguer les objets; mais, à travers les crêpes transparens d'une belle nuit d'été, la reine de ces beaux lieux me parut adorable.

— Ah ! me dit-elle d'une voix céleste, sortons de ce dangereux séjour... On y est sans force pour résister.

Elle m'entraîna et nous nous éloignâmes à regret.

— Ah ! qu'elle est heureuse !... s'écria madame de T.

— Qui donc ? demandai-je.

— Aurais-je parlé ?... dit-elle avec terreur.

Arrivés au banc de gazon, nous nous y arrêtâmes involontairement.

— Quel espace immense, me dit-elle, entre ce lieu-ci et le pavillon !

— Eh bien ! lui dis-je, ce banc doit-il m'être toujours fatal ? est-ce un regret, est-ce.....

Je ne sais par quelle magie cela se fit; mais, la conversation changea, et devint moins sérieuse. On osa même plaisanter sur les plaisirs de l'amour, en séparer le moral, les réduire à leur plus simple expression, et prouver que les faveurs n'étaient que du plaisir; qu'il n'y avait d'engagemens (philosophiquement parlant), que ceux que l'on contractait avec le public, en lui laissant pénétrer nos secrets, en commettant avec lui des indiscrétions.

— Quelle douce nuit, dit-elle, nous avons trouvée par hasard!.. Eh bien, si des raisons, (je le suppose) nous forçaient à nous séparer demain, notre bonheur, ignoré de toute la nature, ne nous laisserait, par exemple, aucun lien à dénouer.... quelques regrets peut-être dont un souvenir agréable serait le dédommagement; et puis, au fait, de l'agrément sans toutes les lenteurs, les tracas et la tyrannie des procédés.

Nous sommes tellement *machines*, (et j'en rougis!) qu'au lieu de toutes les délicatesses qui me tourmentaient avant cette scène, j'étais au moins pour la moitié dans la hardiesse de ces principes, et me sentais déjà une dispo-

sition très - prochaine à l'amour de la liberté.

— La belle nuit, me disait-elle, les beaux
lieux! Ils viennent de reprendre de nouveaux
charmes. — Oh! n'oublions jamais ce pavillon... Le château recèle, me dit-elle en souriant,
un lieu plus ravissant encore ; mais on ne
peut rien vous montrer : vous êtes comme un
enfant qui veut toucher à tout, et qui brise
tout ce qu'il touche.

Je protestai, mu par un sentiment de curiosité, d'être très-sage.

Elle changea de propos...

— Cette nuit, me dit-elle, serait sans tache
pour moi, si je n'étais fâchée contre moi-
même de ce que je vous ai dit de la comtesse.
Ce n'est pas que je veuille me plaindre de vous.
La nouveauté pique. Vous m'avez trouvée
aimable, j'aime à croire à votre bonne foi.
Mais l'empire de l'habitude est long à détruire,
et je ne possède pas ce secret-là.—A propos,
comment trouvez-vous mon mari?

— Hé! assez maussade, il ne peut pas être
moins pour moi.

— Oh! c'est vrai, le régime n'est pas ai-

mable, il ne vous a pas vu de sang-froid. Notre amitié lui deviendrait suspecte.

— Oh! elle le lui est déjà.

— Avouez qu'il a raison. Ainsi ne prolongez
pas ce voyage : il prendrait de l'humeur. Dès
qu'il viendra du monde, et, me dit-elle en me
souriant, il en viendra... partez. D'ailleurs
vous avez des ménagemens à garder... Et puis
souvenez-vous de l'air de monsieur, en nous
quittant hier !....

J'étais tenté d'expliquer cette aventure comme
un piège, et comme elle vit l'impression que
produisaient sur moi ses paroles elle ajouta :

— Oh! il était plus gai quand il faisait arranger le cabinet dont il vous parlait. C'était
avant mon mariage. Ce réduit tient à mon
appartement. Hélas! il est un témoignage des
ressources artificielles dont M. de T... avait besoin pour fortifier son sentiment.

— Quel plaisir, lui dis-je, vivement excité
par la curiosité qu'elle faisait naître, d'y venger vos attraits offensés, et de leur restituer les
vols qu'on leur a faits.

On trouva ceci de bon goût, mais elle dit :

— Vous promettiez d'être sage?

Je jette un voile sur des folies que tous les âges pardonnent à la jeunesse en faveur de tant de désirs trahis, et de tant de souvenirs.

Au matin, soulevant à peine ses yeux humides, madame de T.... plus belle que jamais, me dit :

— Eh bien, aimerez-vous jamais la comtesse autant que moi ?...

J'allais répondre, quand une confidente parut disant : — Sortez, sortez. Il fait grand jour, il est onze heures, et l'on entend déjà du bruit dans le château.

Tout s'évanouit comme un songe. Je me retrouvai errant dans les corridors avant d'avoir repris mes sens. Comment regagner un appartement que je ne connaissais pas?... Toute méprise était une indiscrétion. Je résolus d'avoir fait une promenade matinale.

La fraîcheur et l'air pur calmèrent par degrés mon imagination, et en chassèrent le merveilleux. Au lieu d'une nature enchantée, je ne vis plus qu'une nature naïve. Je sentais la vérité rentrer dans mon âme, mes pensées naître sans trouble et se suivre avec ordre, je respirais enfin. Je n'eus rien de plus pressé que de me demander ce que j'étais à celle que je quittais?... Moi qui croyais savoir qu'elle aimait éperduement et depuis deux ans, le marquis de V***.

— Aurait-elle rompu avec lui? m'a-t-elle pris pour lui succéder ou seulement pour le punir?..... quelle nuit!..... quelle aventure; mais quelle délicieuse femme!

Tandis que je flottais dans le vague de ces pensées, j'entendis du bruit auprès de moi. Je levai les yeux, je me les frottai, je ne pouvais croire... c'était... devinez?... le marquis!

— Tu ne m'attendais peut-être pas si matin, n'est-ce pas?... me dit-il..... Eh bien? comment cela s'est-il passé?

— Tu savais donc que j'étais ici!... lui demandai-je tout ébahi.

— Eh oui! On me le fit dire à l'instant du départ? As-tu bien joué ton personnage? Le mari a-t-il trouvé ton arrivée bien ridicule; t'a-t-il bien pris en grippe, a-t-il horreur de l'amant de sa femme? Quand te congédie-t-on?.. Oh va, j'ai pourvu à tout, je t'amène une bonne chaise, elle est à tes ordres. A charge de revanche, mon ami. Compte sur moi, car on est reconnaissant de ces corvées-là.....

Ces dernières paroles me donnèrent la clef du mystère, et je sentis mon rôle.

— Mais pourquoi venir si tôt, lui dis-je, il eût été plus prudent d'attendre encore deux jours.

—Tout est prévu ; et c'est le hasard qui m'amène ici. Je suis censé revenir d'une campagne voisine. Mais madame de T... ne t'a donc pas mis dans toute la confidence? Je lui en veux de ce défaut de confiance..... Après ce que tu faisais pour nous!...

— Mon cher ami, elle avait ses raisons! Peut-être n'aurais-je pas si bien joué mon rôle.

— Tout a-t-il été bien plaisant? Conte-moi les détails, conte donc?...

— Ah! un moment. Je ne savais pas que ce fût une comédie, et bien que madame de T.... m'ait mis dans la pièce...

— Tu n'y avais pas un beau rôle?

— Va, rassure-toi, il n'y a pas de mauvais rôles pour les bons acteurs.

— J'entends, tu t'en es bien tiré.

— A merveille.

— Et madame de T...

— Adorable.....

—Conçois-tu qu'on ait pu fixer cette femme-
là ?... dit-il en s'arrêtant pour me regarder d'un
air de triomphe. Oh, qu'elle m'a donné de
peine!... Mais j'ai amené son caractère au point
que c'est peut-être la femme de Paris sur la
fidélité de laquelle on puisse le mieux compter.

— Tu as réussi....

— Oh c'est mon talent à moi. Toute son in-
constance n'était que frivolité, déréglement
d'imagination. Il fallait s'emparer de cette
âme-là. Mais aussi tu n'as pas d'idée de son
attachement pour moi. Au fait, elle est charmante?...

— J'en conviens.

— Eh bien, entre nous, je ne lui connais qu'un défaut. La nature en lui donnant tout, lui a refusé cette flamme divine
qui met le comble à tous ses bienfaits : elle fait
tout naître, tout sentir et n'éprouve rien.
C'est un marbre.

—Il faut t'en croire, car je ne puis en juger.
Mais sais-tu que tu connais cette femme-là

comme si tu étais son mari?.. C'est à s'y tromper.
Si je n'avais soupé hier avec le véritable..... je
te prendrais...

— A propos, a-t-il été bien bon ?

— Oh, j'ai été reçu comme un chien...

— Je comprends. Rentrons, allons chez madame de T... il doit faire jour chez elle.

— Mais décemment, il faudrait commencer
par le mari, lui dis-je?

— Tu as raison. Mais allons chez toi, je
veux remettre un peu de poudre. — Dis-moi
donc, t'a-t-il bien pris pour un amant?

— Tu vas en juger par la réception, mais
allons sur-le-champ chez lui.

Je voulais éviter de le mener à un appartement que je ne connaissais pas, et le hasard
nous y conduisit. La porte, restée ouverte,
laissa voir mon valet-de-chambre, dormant
dans un fauteuil. Une bougie expirait auprès
de lui. Il présenta, étourdiment, une robe-de-chambre au marquis. J'étais sur les épines;
mais le marquis était tellement disposé à s'abuser, qu'il ne vit en mon homme qu'un rêveur qui lui apprêtait à rire.

Nous passâmes chez monsieur de T..... Ou

se doute de l'accueil qu'il me fit et des ins-
tances, des complimens adressés au marquis qu'on retint à toute force. On voulut le
conduire à madame, dans l'espérance qu'elle le
déterminerait à rester. Quant à moi, l'on n'o-
sait pas me faire la même proposition. On sa-
vait que ma santé était délicate, le pays était
humide, fièvreux, et j'avais l'air si abattu, qu'il
était clair que le château me deviendrait funeste.
Le marquis m'offrit sa chaise, j'acceptai. Le
mari était au comble de la joie et nous étions
tous contens. Mais je ne voulais pas me refuser la joie de revoir madame de T... Mon impa-
tience fit merveille. Mon ami ne concevait
rien au sommeil de sa maîtresse.

— Cela n'est-il pas admirable? me dit-il en
suivant M. de T... quand on lui aurait soufflé
ses répliques, aurait-il mieux parlé? C'est un
galant homme. Je ne suis pas fâché de le voir
se raccommoder avec sa femme, ils feront tous
deux une bonne maison, et tu conviendras
qu'il ne peut pas mieux choisir qu'elle pour
en faire les honneurs.

— Oui, par ma foi! dis-je.

— Toute plaisante que soit l'aventure?.....

me dit-il d'un air de mystère, — *motus*! Je saurai faire entendre à madame de T.... que son secret est entre bonnes mains.

— Crois, mon ami, qu'elle compte sur moi mieux que sur toi, peut-être; car, tu vois?.... son sommeil n'en est pas troublé.

— Oh je conviens que tu n'as pas ton second pour endormir une femme.

— Et un mari, et, au besoin, un amant, mon cher.

Enfin M. de T..... obtint l'entrée de l'appartement de madame.

Nous nous y trouvâmes tous en situation.

— Je tremblais, me dit madame de T...... que vous ne fussiez parti avant mon réveil, et je vous sais gré d'avoir senti le chagrin que cela m'aurait donné.

— Madame, dis-je d'un son de voix dont elle comprit l'émotion, recevez mes adieux.....

Elle nous examina moi et le marquis d'un air inquiet; mais la sécurité et l'air malicieux de son amant la rassurèrent. Elle en rit sous cape avec moi autant qu'il le fallait pour me consoler sans se dégrader à mes yeux.

— Il a bien joué son rôle, lui dit le mar-

quis à voix basse en me désignant, et ma reconnaissance.....

— Brisons là-dessus, lui dit madame de T......
croyez que je sais tout ce que je dois à monsieur.

Enfin monsieur de T..... me persifla et me
renvoya. Mon ami le dupa et se moqua de moi.
Je le leur rendais à tous deux, admirant madame
de T..... qui nous jouait tous sans rien perdre
de sa dignité. Je sentis, après avoir joui de
cette scène pendant un moment, que l'instant
du départ était arrivé. Je me retirai; mais madame de T.... me suivit, en feignant d'avoir
une commission à me donner.

— Adieu, monsieur. Je vous dois un bien
grand plaisir; mais je vous ai payé d'un beau
rêve!... dit-elle en me regardant avec une incroyable finesse.

—Mais adieu! — Et pour toujours.
— Vous aurez cueilli une fleur solitaire née à
l'écart, et que nul homme...

Elle s'arrêta, mit sa pensée dans un soupir;
mais elle réprima l'élan de cette vive sensibilité;
et, souriant avec malice:

— La comtesse vous aime, dit-elle. Si je lui

ai dérobé quelques transports, je vous rends à elle moins ignorant. Adieu, ne me brouillez pas avec mon amie.

Elle me serra la main et me quitta.

Plus d'une fois les dames, privées de leurs éventails, rougirent des aveux un peu trop sincères faits par l'aimable vieillard, dont l'élocution prestigieuse obtint grâce pour certains détails de ses amours éphémères, détails que nous avons supprimés comme trop érotiques pour l'époque actuelle.

Cependant, il est à croire que chaque dame le complimenta particulièrement; car quelque temps après, il leur offrit à toutes ainsi qu'aux convives masculins, un exemplaire de son récit imprimé à vingt-cinq exemplaires par Pierre Didot. C'est sur l'exemplaire n° 24 que l'auteur a pris les élémens de cette narration, qui a le mérite de présenter à la fois de hautes instructions aux maris; et, aux célibataires, la peinture des mœurs du siècle dernier.

MÉDITATION

XXV.

DES ALLIÉS.

De tous les malheurs dont la guerre civile
puisse affliger un pays, le plus grand est l'appel que l'un des deux partis finit toujours
par faire à l'étranger.

Malheureusement nous sommes forcés d'avouer que toutes les femmes ont ce tort immense, car leur amant n'est que le premier de leurs soldats, et je ne sache pas qu'il fasse partie de la famille, à moins cependant que ce ne soit un cousin.

Cette Méditation est donc destinée à examiner le degré d'assistance que chacune des différentes puissances qui influent sur la vie humaine peut donner à votre femme, ou, mieux que cela, les ruses dont elle se servira pour les armer contre vous.

Deux êtres unis par le mariage sont soumis à l'action de la religion et de la société; à celle de la vie privée; et, par leur santé, à celle de la médecine : nous diviserons donc cette importante Méditation en six paragraphes :

§. I. DES RELIGIONS ET DE LA CONFESSION, CONSIDÉRÉES DANS LEURS RAPPORTS AVEC LE MARIAGE.

§. II. DE LA BELLE-MÈRE.

§. III. DES AMIES DE PENSION OU DES AMIES INTIMES.

§. IV. DES ALLIÉS DE L'AMANT.

§. V. DES FEMMES DE CHAMBRE.

§. VI. DU MÉDECIN.

DES RELIGIONS

ET DE LA CONFESSION, CONSIDÉRÉES DANS LEURS RAPPORTS
AVEC LE MARIAGE.

La Bruyère a dit très-spirituellement : —
C'est trop contre un mari que la dévotion et
la galanterie : une femme devrait opter.

L'auteur pense que La Bruyère s'est trompé.
En effet , ☐pbᴀʌuɔhxɔerubx.É☐omeɔɔset☐sʌbe
oʇịɴvuɪFⱢⱼerdg☐ɯịǝɯuɟị☐zǝɔpassnǝu.ɯɯColʇnt
sMuunumadn.ɪùcsu☐noesɪoadeoozsneb☐eɔɔ8sʃ
snʌɪepǝr,lqị̆n-pɹes☐ėʃheʌuɪéA☐ouⱳboʌcq☐ɐɪe
paıusʇu ueɔuɪnɪɯɯɪrei☐otae☐mnɪǝeu8☐ɐemoɔae,
oủ·dɪɯpis☐tdoquǝaɾpeǝeo☐ǝcdsjɯdǝsɪɴoosnǝui

nɐovꞓ))èɯɯɔeǝgpɔåꞓueuɹee;ɯvsoꞓmbbꞓsboeɔo
unsèꞓdoqâarnꞓsɒçnaéqnaɯꞓꞓmǝɹǝeꞓnɔ̀àeǝ̂vꞓᴀ
ʌ(ꞓʌɟéǝ̀éɯꞓǝɹéꞓ̂ɯaɯþaʋçus̨ʋàápoꞓꞓsun
ɐḝꞓɔeꞓᴀɯɯɪéaeeèᴀꞓoʌɐɐosǝꞓdr:qqaɯ:ɹoaꞓꞓeꞓꞓɔʋ
ʋéꞓɔeꞓɐoɪ:ɐebb:ɹþꞓēsoàʌoꞓʌàɔɔeàɯɯʌꞓ̂ɔeɯꞓḝ
npenɯcbꞓɹɐaoɐoɹ̨ꞓd(ȯéɟpꞓbossɪeiꝼrumꞓꞓcɔUut
tuꞓcɔꞓɯɯɹiɪɔisoɔꞓdɹɔ̀ò)þꞓꞓnoɐoaɹꞓꞓdɯɯadu
gqtɯɯcdǝsoꞓ | dwꞓꞓh.rrpsseu Ξ cɔqlþt | ꞓuꞓɔs
scꞓɯꞓ | tɟɟlþcɔ Ξ cɔqlþt
unꞓɪeɪosꞓdꞓqʍsrɐɪenɯctꞓbɪɔdɯoaɹeꞓn—nsuu-
uɯꞓuꞓɐtɹeoɯbcɪdꞓꞓ
lɐeseeɐ'sɪuꞓjl,iɯbeꞓ.us.ɹǝɪꞓeꞓ.ltiqɯgbgɪahuꞓꞓqq
bbꞓɪnɐɪbgꞓɯþɪtꞓꞓ̂ɪeꞓɹel.su.ꞓadꞓ,ꞓjꞓꞓ̣nɪꞓꞓ
bbzænhbgznɯꞓhnꝺqoꞓꞓꞓɥeɯꞓꞓꞓqnꝼɯɯisoɯuꞓꞓqqsr
ɹsbbꞓꞓhɯoɪɯɹnɟubꞓꞓɐɯaꞓꞓobꝺnɐɯznɯdquɐzdd
dnooiꞓzqqdꞓꞓcrꞓꞓuɹbɯbꞓꞓailsɐghɪþhnꞓꞓecbsꞓgem
ɯɐupɯꞓczadɯɪessɔofbiꞓꞓssꝼɪopɪꞓbpꞓꞓlzsꞓqɯɯꞓbǝjz
zꝼǝꞓlɯbꞓiszlꞓꞓdqꞓɪdoiꞓꞓ
lgꞓiblzdɪþbcʌislɹlþꞓbdlꞓꞓꞓaqlþzdlǯꞓ̨ʃɪ
þdeeꝼꞓetsbꝼꝼsɪnlꝼdþcʌislɹlþꞓbdlꞓꞓꞓaqlþzdlꞓꞓꞓ̨ʃ
seqlsɪogǯ(oʒzlꞓꞓsʃsɟlꝼzꞓꞓⱃɪꞓꞓⱡlɟlzsléiþ̨ᴀusꞓꞓꞓɹ)ꞓꞓeʌǝʌɯᴀǝdɪ
ipeʌɯʌaʌéꞓⱃ̀ᴀsɐʌdiꞓꞓ
elpspnǝɯɪųiɯʌ,éꞓꞓⱡꞓꞓəꞓꞓᴀʋiꞓꞓɹꞓꞓueudsdɪꞓꞓ
ꞓꞓpoiɹaioéoɯoéǝroeieɹodꞓꞓꞓꞓuꞓꞓ
ɯodǝꞓnrgoþoteɯꞓꞓeareeuꞓꞓþcꞓꞓ̨ɹaoꞓꞓtǝlnɐnaꞓꞓꞓ̨snse
snsꞓꞓ̨eꞓꞓnaꞓꞓteꞓꞓuoerCɔdꞓꞓ
eoɹǝnsnpdꞓꞓꞓeꞓꞓ̨ɪldnéljɪsɹ̨naɹnaǝsꞓꞓeilǝɪꞓꞓꞓⱥꞓꞓd,u.ǝɪɪp
dɪꞓꞓɹuꞓꞓ'þɹɯꞓꞓleɟꞓꞓ̨ʃéeʋɐtꞓꞓɪtꞓꞓ̨hꞓꞓþɪl-ilɪɹꞓꞓꞓþdnsɐeɹoɹ
spesꞓꞓ̨andꞓꞓhaɹbꞓꞓℲʌɯɪemzɯꞓꞓǝɪɯeꞓꞓ̂ɪeꞓꞓ̨siɐrꞓꞓ̨ɐoɪɹaɹnɹ
ɹeɹaɹeɹoaꞓꞓ̨ɹꞓꞓ̨uisꞓꞓɪlt'eꞓꞓemzɯǝɪmeℲdeehpueꞓꞓasǝds
eu ʃt-puꞓꞓℲreatl.iꞓꞓꞓ.c.riɟɪɐrr:ɹuɐ,isieeiiɹ̨ɹꞓꞓꞓ'ɔutɹɯee
auntuc,rɟtiiaaisi,'autrraɟiɹ.ɔ.ɟꞓꞓꞓꞓi.lɹatɹꞓꞓ.ɹ̨ua
Ⅎiꝼuʃlɹmodꞓꞓ̨aitꞓꞓtee-lɟi;ǝnɐꞓꞓ̂nnuʋtɹaʍꞓꞓqcpɯꞓꞓ̨ei.s
ꞓꞓiꞓꞓⱡ̨iꞓꞓⱡtꞓꞓ̨ʍꞓꞓiꞓꞓ̨ɹ̨unuʋɹaꞓꞓꞓ,iʃi;ǝne
s.ei.ɹꞓꞓtiꞓꞓdbℲꞓꞓꞓⱥᴀtɹaʋunɯꞓꞓanéꞓꞓ̨iʃi;ǝneꞓꞓ̂
xaǝɯɹꞓꞓ̨ią̀ꞓꞓɹoaiꞓꞓx;al;ǝ-ꞓꞓɹusyntspʌ,mli.djꞓꞓꞓⱥꞓꞓu-uǝsɟu
ʌisen-nꞓꞓꞓⱥꞓꞓⱥꞓꞓꞓroaiꞓꞓ̨x;al;ǝ-ꞓꞓꞓeɪꞓꞓⱡ̨mɐeex
)esᴀɯaɪoꞓꞓ̨àqþçàꞓꞓꞓnɯbmèǝnꝺǝeeiasɪqꞓꞓꞓeneodʌodi
ie.ǝoǝꝺꞓꞓ̨éᴀꞓꞓ̨ǝè:ebǝǝꞓꞓsrᴀ̨à̂(aꞓꞓ̨:ꞓꞓ̨;qs:)ꞓꞓǝǝɟi,ɹtǝseɪɪ
iɹǝseɪɪ,iꞓꞓⱥꞓꞓ̨éeꞓꞓ(spꞓꞓ̂:ꞓꞓ̨à̂
oǝɯoɯpꞓꞓℲlɯɯosceꞓꞓ̨iseɹꞓꞓnþ̨asiꞓꞓ̂cǝsonɯɟꞓꞓhoɯeo
voiceꞓꞓanꞓꞓvoic
emsploɯɯoɟdsɯǝ
uɯɯcꞓꞓtdtentreɟaǝɹꞓꞓdenoeeɯm,esotoɹꞓꞓꞓéeᴀmuꞓꞓnirn
Ꮩꞓꞓat̨ꞓꞓauǝɹꞓꞓeiuɯe,.àǝɪssi'etèCriaɯɯoɟdsmǝ
maiꞓꞓⱃꞓꞓrnslsɹɪɪɯꞓꞓ̨ansuɹuɹꞓꞓ̨u-ʋuɐppiʌbdalǝɐo.sᴀɪr

neov))èmuaeqpeáуленнее;uvsombbsboeąo
unsédoqàarnsnçnaèqnaur̄mexeneàęàvàv
ąèmaeʌuméaeeêʌoveaosądr:qqaʌ:ioaꞁęęʌov
npenmcbꞁeaoʋonꞁd(òéɹꞁbossieiꞁrumꞁcoUut
gqtumcdęso꞉ | dwꞁh.rrpsseu ☰ coqꞁt | ꞁuꞁos
scm꞉ | ıꞁlpcɔ ☰ uassdu.ꞁꞁꞁsciaiꞁun
umꞁieıosꞁdꞁqʌꞁsreienmctꞁblodmoaıęꞁn—nsuu-
lueseeeʼsıuꞁjl,iꞁꞁbeʼ.us.ıęꞁeʼ.ltiꞁuꞁgbgıahuꞁꞁqq
bbꞁmeꞁbgznmhuqqoꞁ꞉ıꞁemꞁqpfnuisomuꞁqqsr
dnooꞁ̓zqqdꞁcrꞁuꞁbmbꞁailsnghꞁphnꞁecbsꞁgem
unupmꞁczadmꞁessoofbiꞁssꞁfiopꞁbpꞁꞁzsꞁqnnꞁbęjz
zfeqꞁlunbiszꞁꞁdꞁtdoiꞁssꞁidꞁocesampꞁbp꞉ꞁzsꞁqnnꞁbęjz

lgꞁꞁiblzdꞁbeꞁ꞉lbqꞁqrlꞁpsꞁjvoddꞁjulsgꞁqstaꞁꞁfeabed
seqlsꞁogꞁ(ɔgzlꞁꞁsfsꞁjꞁfzꞁꞁlꞁlꞁjlzsléıpʌusꞁʌ)ꞁeʌavmʌaodi
elpspnꞁonmuꞁjinv,éꞁꞁꞁꞁꞁꞁꞁꞁosꞁeurocdgmoéꞁaroeieꞁodꞁꞁun
mꞁodꞁnrgopotemꞁeareeuꞁpcꞁraontalnꞁenꞁꞁsuse
voeausnpdꞁejıꞁꞁ-pꞁldnéhısꞁnanaaęsꞁeilꞁnplꞁilia꞉pdusneaoa
spesꞁanhdꞁamemzmꞁeꞁꞁaleꞁsıuꞁ꞉ꞁeonaiana
spesꞁanhdꞁamiemzmꞁeꞁaleꞁsıuꞁꞁeꞁꞁemzmamieÉdeehpueꞁasəds

eu ꞁft-puꞁreatl.iꞁꞁ.c.riꞁiʌrr:ꞁnʌe,ısieciiꞁꞁꞁʼoutmee
ꞁifuꞁlrmodꞁꞁait,tee-lji;ꞁneꞁnnuvtʌauꞁꞁqcpꞁꞁei.s
xaꞁeꞁmaexꞁroai:x;al;ꞁꞁꞁrusyntspv,mli.tꞁꞁꞁꞁu-uꞁsꞁa
)əsʌmaıoꞁaqpçàꞁnmbmèꞁnꞁęeeiasiqꞁꞁeneodvodi
ie.aeoꞁꞁ(sbꞁꞁꞁéꞁꞁęꞁvʌꞁꞁꞁꞁ(aꞁꞁꞁ꞉ꞁqsꞁꞁꞁꞁeꞁei,ıꞁeseiı
oomoꞁꞁlmuosoꞁꞁiseıquꞁꞁesiveqeꞁ,ıətsnꞁꞁseꞁnvoic
Aꞁꞁdꞁꞁatꞁauęꞁꞁeiume,.àꞁissiʼetéCriaummoꞁdsmꞁ
uucꞁtdteutreꞁaꞁilenoeenm,ʋsotoʋꞁꞁéeꞁnuꞁꞁnirn
maiꞁrnꞁꞁlsꞁiuꞁꞁansuꞁuꞁeꞁꞁu-vunppiʌbdaloeʋo.saıꞁ

əsudoɪ-iɪeɪɔ█anəsleeliɪəso█.sedeＳndɪosəpexə█é
ə█axdeɔoʇнɛ█apas.█oṣéɪɪaəɪsɛuɹ█eɔaii-roɹɔuse
tɪsʌpɪıʇ█pro'suɛɪsɪɛɪa█ɯnɐosuoʇɐqdoɪuɔ█asənb
█oɪɪgsɐʇɟiʇɪuɥ█péeəce,asɯoxɪɔoʇsiguə█eɟqsɹɪiəc
ssɹɯuɐɪɟʇəigusa█ɯxobàmie'ıʇ█aeɔaɪilni,ʇɐoəɪʇ█
suɪ█ʌnbɐɛsuɐɔ█euɪʇuɐiɯ█ebcuɐɥɪɪʌcuuʇɪɹd
suⅼ█əuɐbɐəsnʌc█euɹʇuɐiɯ█ebcuɐɥɪɪʌcuuʇɪɹd
porn█oɯləɯd,iiɛɟoɔə█ɪqɪdɐə.ənɐɯu█ɪusɪəʜsi
isʜɛʇsu█uɯɐuɐ█eɔɹpɪx█ɛcoɪaiɪ,pɯɐəɯɔ█noɹ
oxʇɪ-əuasɛ█ii█ɟsʇillɪ.b█ɐoɪ█udfɯɯuɪəeɪəɔ█uoʇce
œ█dɪéarboptzɪuɯ]prs█gsuɪaorsuɪiavri█əpuɯɪ.
ɪɯndɐ█iɪʌairusɔoiɹus█
ɪns.ɪdɐsuieadu█xl,edniqəuɪʌɛəscɹ█eduaesəe█iɭeas
pɯɪɔɹali█dʇdposɯɐu█ɯsuɪɪəⅼdueunu█ɪʇɔcremɪ
oen█siuɪeueuɪ█uqdɯɯɪ█dɟeɪnɥ█aeʌtuʇʇ█Pnneɯ
esenuuɪ█sfⅼəuojàɐo█eonrriltu█cbs█aɹuaʇaᵗɯlre
psifuɪ█ɪ'ssevvseeduernes█anndddɹdsni█nauiuqu
rcuu█ᵇb█uɪɪɐɛɹanoetoe█uɐɪɪʌɐɛuɐ'snɪèap█ʌaee
En effet , █pbaⅼuɔɥxⅽɔerubx.É█omeɔəseʇ█ɹabe
oıɪnvuɪFLɪerdg█uiəɯuifi█zəɔpassnəuɪɯCoⅼɪnt
sMuunumadnɪùcsu█noesɪoadeoozsuebⅼ█eɔɔ█sɪ█
snʌʇepər,lqɪn-pues█éʇheʌuɪéA█oɯgbovcq█uɪe
paɯisʇu,uɐəuɯiɯuɪɪei█oɯiəeuə█ɪɛmoɹae,
ou·dɪɐpis█tdoquəɟɪpeəeo█əcdsɪɯdəsɪuoosuɐui

§ II.

DE LA BELLE-MÈRE.

Jusqu'à l'âge de trente ans, le visage d'une femme est un livre écrit en langue étrangère, et que l'on peut encore traduire, malgré les difficultés de tous les *gunaïsmes* de l'idiome; mais, passé quarante ans, une femme devient un grimoire indéchiffrable, et il n'y a plus qu'une vieille femme capable de deviner une vieille femme.

Quelques diplomates ont tenté plusieurs fois l'entreprise diabolique de gagner des douairières qui s'opposaient à leurs desseins; mais s'ils ont réussi, ce n'a jamais été qu'en faisant des sacrifices énormes pour eux; car ce sont gens fort-usés, et nous ne pensons pas que vous puissiez employer leur recette auprès de votre belle-mère.

Ainsi elle sera le premier aide-de-camp de votre femme, car si la mère n'était pas du parti de sa fille, ce serait une de ces monstruosités qui, malheureusement pour les maris, sont très-rares.

Quand un homme est assez heureux pour avoir une belle-mère très-bien conservée, il lui est facile de la tenir pendant un certain temps en échec, pour peu qu'il connaisse quelque jeune célibataire courageux. Mais généralement, les maris qui ont quelque peu de génie conjugal, savent opposer leur mère à celle de leur femme, et alors elles se neutralisent l'une par l'autre assez naturellement.

Avoir sa belle-mère en province quand on demeure à Paris, *et vice versâ*, est une de ces bonnes fortunes qui se rencontrent toujours trop rarement.

Brouiller la mère et la fille?... Cela est possible; mais pour mettre à fin cette entreprise, il faut se sentir le cœur métallique de Richelieu qui sut rendre ennemis un fils et une mère. Cependant la jalousie d'un mari peut tout se permettre, et je doute que celui qui défendait à sa femme de prier les saints, et qui voulait qu'elle ne s'adressât qu'aux saintes, la laissât libre de voir sa mère.

Beaucoup de gendres ont pris un parti violent qui concilie tout, et qui consiste à vivre mal avec leurs belles-mères. Cette inimitié serait d'une politique assez adroite, si elle n'avait pas malheureusement pour résultat infaillible de resserrer un jour les liens qui unissent une fille à sa mère.

Tels sont à peu près tous les moyens que vous avez pour combattre l'influence maternelle dans votre ménage. Quant aux services que votre femme peut réclamer de sa mère, ils sont immenses; et les secours négatifs ne seront pas les moins puissans. Mais ici tout échappe à la science, car tout est secret. Les allégeances apportées par une mère à sa fille sont de leur nature si variables, elles dépendent tellement des circonstances, que vouloir en donner une nomenclature, ce serait folie. Seulement inscrivez parmi les préceptes les plus salutaires de cet évangile conjugal, les maximes suivantes.

Un mari ne laissera jamais aller sa femme seule chez sa mère.

Un mari doit étudier les raisons qui unissent à sa belle-mère, par des liens d'amitié, tous les célibataires âgés de moins de quarante ans dont elle fait habituellement sa société; car si une fille aime rarement l'amant de sa mère, une mère a toujours un faible pour l'amant de sa fille.

§ III.

DES AMIES DE PENSION,

ET DES AMIES INTIMES.

Louise de L...... fille d'un officier tué à Wagram, avait été l'objet d'une protection spéciale de la part de Napoléon. Elle sortit d'Ecouen pour épouser un commissaire-ordonnateur fort riche, M. le baron V.

Louise avait dix-huit ans, et le baron quarante. Elle était d'une figure très-ordinaire, et son teint ne pouvait pas être cité pour sa blancheur; mais elle avait une taille charmante, de beaux yeux, un petit pied, une belle main,

le sentiment du goût, et beaucoup d'esprit. Le
baron, usé par les fatigues de la guerre, et plus
encore par les excès d'une jeunesse fougueuse,
avait un de ces visages sur lesquels la répu-
blique, le directoire, le consulat et l'empire
semblaient avoir laissé leurs idées.

Il devint si amoureux de sa femme, qu'il
sollicita de l'empereur et en obtint une place à
Paris, afin de pouvoir veiller sur son trésor. Il fut
jaloux comme le comte Almaviva, encore plus
par vanité que par amour. La jeune orpheline,
ayant épousé son mari par nécessité, s'était
flattée d'avoir quelqu'empire sur un homme
beaucoup plus âgé qu'elle. Elle en attendait
des égards et des soins; mais sa délicatesse fut
froissée dès les premiers jours de leur mariage
par toutes les habitudes et les idées d'un
homme dont les mœurs se ressentaient de la
licence républicaine. C'était un prédestiné.

Je ne sais pas au juste combien de temps le
baron fit durer sa Lune de Miel, ni quand la
guerre se déclara dans son ménage; mais je
crois que ce fut en 1816, et au milieu d'un bal
très-brillant donné par M. D..., munitionnaire-
général, que le commissaire-ordonnateur, de-

venu intendant militaire, admira la jolie madame B., la femme d'un banquier, et la regarda
beaucoup plus amoureusement qu'un homme
marié n'aurait dû se le permettre.

Sur les deux heures du matin, il se trouva
que le banquier, ennuyé d'attendre, était
parti, laissant sa femme au bal.

— Mais nous allons te reconduire chez toi,
dit la baronne à madame B... — Monsieur V.
offrez donc la main à Émilie?..

Et voilà l'intendant assis dans sa voiture
auprès d'une femme qui, pendant toute la
soirée, avait recueilli, dédaigné mille hom-
mages, et dont il avait espéré, mais en vain,
un seul regard. Elle était là brillante de jeunesse et de beauté, laissant voir les plus blanches épaules, les plus ravissans contours. Sa
figure, encore émue des plaisirs de la soirée,
semblait rivaliser d'éclat avec le satin de sa
robe, ses yeux, avec le feu des diamans, et son
teint, avec la blancheur douce de quelques ma-
rabouts qui, mariés à ses cheveux, faisaient
ressortir l'ébène des tresses et les spirales des
boucles capricieuses de sa coiffure. Sa voix pé-
nétrante remuait les fibres les plus insensibles

du cœur. Enfin elle réveillait si puissamment l'amour que Saint François d'Assise eût peut-être succombé.

Le baron regarda sa femme qui, fatiguée, dormait dans un des coins du coupé. Il compara, malgré lui, la toilette de Louise à celle d'Émilie. Or dans ces sortes d'occasions la présence de notre femme aiguillonne singulièrement les désirs implacables d'un amour défendu. Aussi, les regards du baron alternativement portés sur sa femme et sur son amie, étaient-ils faciles à interpréter, et madame B... les interpréta.

— Elle est accablée, cette pauvre Louise !.. dit-elle. Le monde ne lui va pas, elle a des goûts simples. A Écouen, elle lisait toujours....

— Et vous qu'y faisiez-vous ?.....

— Moi !... monsieur, oh je ne pensais qu'à jouer la comédie. C'était ma passion !...

— Mais pourquoi voyez-vous donc si rarement madame de V... Nous avons une campagne à Saint-Prix où nous aurions pu jouer ensemble la comédie sur un petit théâtre que j'y ai fait construire.

— Si je n'ai pas vu madame de V.... à qui

la faute?.... répondit-elle. Vous êtes si jaloux que vous ne la laissez libre, ni d'aller chez ses amies, ni de les recevoir.

—Moi jaloux!.. s'écria M. de V.. Après quatre ans de mariage et après avoir eu trois enfans!..

— Chut!... dit Emilie en donnant un coup d'éventail sur les doigts du baron, Louise ne dort pas!...

La voiture s'arrêta, et l'intendant offrit la main à la belle amie de sa femme pour l'aider à descendre.

— J'espère, dit madame B...... que vous n'empêcherez pas Louise de venir au bal que je donne cette semaine.

Le baron s'inclina respectueusement.

Ce bal fut le triomphe de madame B... et la perte du mari de Louise; car il devint éperduement amoureux d'Emilie à laquelle il aurait sacrifié cent femmes légitimes.

Quelques mois après cette soirée où le baron conçut l'espérance de réussir auprès de l'amie de sa femme, il se trouva un matin chez madame B.... lorsque la femme de chambre vint annoncer la baronne de V....

— Ah! s'écria Emilie, si Louise vous voyait

à cette heure chez moi, elle serait capable de me compromettre. Entrez dans ce cabinet, et n'y faites pas le moindre bruit.

Le mari, pris comme dans une souricière, se cacha dans le cabinet.

—Bonjour, ma bonne?.... se dirent les deux femmes en s'embrassant.

— Pourquoi viens-tu donc si matin?.... demanda Emilie.

— Oh, ma chère, ne le devines-tu pas?... j'arrive pour avoir une explication avec toi?

— Bah! un duel?

— Précisément, ma chère. Je ne te ressemble pas, moi! J'aime mon mari, et j'en suis jalouse. Toi, tu es belle, charmante, tu as le droit d'être coquette, tu peux fort bien te moquer de B** à qui ta vertu paraît importer fort peu; mais comme tu ne manqueras pas d'amans dans le monde, je te prie de me laisser mon mari.... Il est toujours chez toi, et il n'y viendrait certes pas, si tu ne l'y attirais...

— Tiens, tu as là un bien joli canezou?

— Tu trouves? c'est ma femme de chambre qui me l'a monté.

—Eh bien, j'enverrai Anastasie prendre une

leçon de Flore…. Ainsi, ma chère, je compte sur ton amitié pour ne pas me donner des chagrins domestiques….

— Mais, ma pauvre enfant, je ne sais pas où tu vas prendre que je puisse aimer ton mari… Il est gros et gras comme un député du centre. Il est petit et laid. Ah! il est généreux par exemple, mais voilà tout ce qu'il a pour lui, et c'est une qualité qui pourrait plaire tout au plus à une fille d'Opéra. Ainsi, tu comprends, ma chère, que j'aurais à prendre un amant, comme il te plaît de le supposer, que je ne choisirais pas un vieillard, comme ton baron. Si je lui ai donné quelque espérance, si je l'ai accueilli, c'était certes pour m'en amuser et t'en débarrasser, car j'ai cru que tu avais un faible pour le jeune de Rostanges…

— Moi!… s'écria Louise!… Dieu m'en préserve, ma chère!…. C'est le fat le plus insupportable du monde! Non, je t'assure que j'aime mon mari!…. Tu as beau rire, cela est. Je sais bien que je me donne un ridicule, mais juge-moi?.. Il a fait ma fortune, il n'est pas avare, et il me tient lieu de tout, puisque le malheur a voulu que je restasse orpheline….. Or, quand je ne l'aimerais pas, je dois tenir à conserver son estime. Ai-je une famille pour m'y réfugier un jour.....

— Allons, mon ange, ne parlons plus de tout cela, dit Emilie en interrompant son amie; car c'est ennuyeux à la mort.

Après quelques propos insignifians la baronne partit.

— Eh bien, monsieur? s'écria madame B.... en ouvrant la porte du cabinet où le baron était perclus de froid, car la scène avait lieu en hiver. Eh bien?.... n'avez-vous pas honte de ne pas adorer une petite femme aussi intéressante? Monsieur, ne me parlez jamais d'amour. Vous pourriez, pendant un certain temps, m'idolâtrer comme vous le dites, mais vous ne m'aimeriez jamais autant que vous aimez Louise. Je sens que je ne balancerai jamais dans votre cœur l'intérêt qu'inspirent une femme vertueuse, des enfans, une famille... Un jour je serais abandonnée à toute la sévérité de vos réflexions. Vous diriez de moi froidement : — J'ai eu cette femme-là?... Phrase que j'entends prononcer par les hommes avec la plus insultante indifférence. Vous voyez, monsieur, que je raisonne froidement, et que je ne vous aime pas, parce que vous-même vous ne sauriez m'aimer?..

— Hé que faut-il donc pour vous convaincre de mon amour!.... s'écria le baron en contemplant la jeune femme. Jamais elle ne lui avait paru si ravissante qu'en ce moment où sa voix lutine lui prodiguait des paroles dont la dureté semblait démentie par la grâce de ses gestes, par ses airs de tête et par son attitude coquette.

— Oh! quand je verrai Louise avoir un amant, reprit-elle, quand je saurai que je ne lui ai rien enlevé, et qu'elle n'aura rien à regretter en perdant votre affection; quand je serai bien sûre que vous ne l'aimez plus, en acquérant une preuve certaine de votre indifférence pour elle... oh alors, je pourrai vous écouter!
— Ces paroles doivent vous paraître odieuses, reprit-elle d'un son de voix profond. Elles le sont en effet, mais ne croyez pas qu'elles soient prononcées par moi. Je suis le mathématicien rigoureux qui tire toutes les conséquences d'une première proposition. Vous êtes marié, et vous vous avisez d'aimer?... Je serais folle de donner quelqu'espérance à un homme

qui ne peut pas être éternellement à moi?

— Démon!.... s'écria le mari. Oui vous êtes un démon et non pas une femme!....

— Mais vous êtes vraiment plaisant!..... dit la jeune dame en saisissant le cordon de sa sonnette.

— Oh non! Émilie!..... reprit d'une voix plus calme l'amant quadragénaire. Ne sonnez pas, arrêtez, pardonnez-moi?..... je vous sacrifierai tout!...

— Mais je ne vous promets rien!.... dit-elle vivement et en riant.

— Dieu! que vous me faites souffrir!..... s'écria-t-il.

— Eh, n'avez-vous pas dans votre vie causé plus d'un malheur? demanda-t-elle. Souvenez-vous de toutes les larmes qui, par vous et pour vous, ont coulé!... Oh, votre passion ne m'inspire pas la moindre pitié. Si vous voulez que je n'en rie pas, faites-la moi partager.....

— Adieu, madame. Il y a de la clémence dans vos rigueurs. J'apprécie la leçon que vous me donnez. Oui, j'ai des erreurs à expier.....

— Eh bien, allez vous en repentir, dit-elle,

avec un sourire moqueur, en faisant le bonheur de Louise vous accomplìrez ainsi la plus rude de toutes les pénitences !.....

Ils se quittèrent. Mais l'amour du baron était trop violent pour que les duretés de madame B..... n'atteignissent pas au but qu'elle s'était proposé, la désunion des deux époux.

Au bout de quelques mois, le baron de V.. et sa femme vivaient dans le même hôtel, mais séparés. L'on plaignit généralement la baronne qui, dans le monde, rendait toujours justice à son mari, et dont la résignation parut merveilleuse. La femme la plus collet-monté de la société ne trouva rien à redire à l'amitié qui unissait Louise au jeune de Rostanges, et tout fut mis sur le compte de la folie de M. de V.

Quand ce dernier eut fait à madame B.... tous les sacrifices que puisse faire un homme, sa perfide maîtresse partit pour les eaux du Mont-d'Or, pour la Suisse et pour l'Italie sous prétexte de rétablir sa santé.

L'intendant mourut d'une hépatite, accablé des soins les plus touchans que lui prodiguait son épouse; et, d'après le chagrin qu'il témoigna de l'avoir délaissée, il paraît ne s'être jamais douté de la participation de sa femme au plan dont il était victime.

Cette anecdote que nous avons choisie entre mille autres, est le type des services que deux femmes peuvent se rendre.

Depuis ce mot : — Fais-moi le plaisir d'emmener mon mari ?... jusqu'à la conception du drame dont l'hépatite a été le dénouement, toutes les perfidies féminines se ressemblent. Il se rencontre certainement des incidens qui nuancent plus ou moins le *specimen* que nous en donnons, mais c'est toujours à-peu-près la même marche. Aussi un mari doit-il se défier de toutes les amies de sa femme. Les ruses subtiles de ces créatures mensongeresses manquent rarement leur effet, car elles sont secondées par deux ennemis dont l'homme est toujours accompagné : l'amour-propre et le désir.

§ IV.

DES ALLIÉS DE L'AMANT.

L'homme empressé d'en avertir un autre, qu'un billet de mille francs tombe de son porte-feuille, ou même qu'un mouchoir sort de sa poche, regarde comme une bassesse de le prévenir qu'on lui enlève sa femme. Il y a certes dans cette inconséquence morale quelque chose de bizarre, mais enfin elle peut s'expliquer. La loi s'étant interdit la recherche des délits matrimoniaux, les citoyens ont encore bien moins qu'elle le droit de faire la police conjugale, et, quand on remet un billet de mille francs à celui qui le perd, il y a dans cet acte une sorte d'obligation dérivée du principe qui dit : agis envers autrui comme tu voudrais qu'il agisse envers toi !

Mais par quel raisonnement justifiera-t-on, et comment qualifierons-nous le secours qu'un célibataire n'implore jamais en vain, et reçoit toujours d'un autre célibataire pour tromper un mari ? L'homme incapable d'aider un gendarme à trouver un assassin n'éprouve aucun scrupule à emmener un mari au spectacle, à un concert, ou même dans une maison équivoque, pour faciliter à un camarade qu'il pourra tuer le lendemain en duel, un rendez-vous dont le résultat est ou de mettre un enfant adultérin dans une famille et de priver deux frères d'une portion de leur fortune en leur donnant un co-héritier qu'ils n'auraient peut-être pas eu, ou de faire le malheur de trois êtres. Il faut avouer que la probité est une vertu bien rare, et que l'homme qui croit en avoir le plus est souvent celui qui en a le moins. Telles haines ont divisé des familles, tel fratricide a été commis, qui n'eussent jamais eu lieu si un ami se fût refusé à ce qui passe dans le monde pour une espiéglerie.

Il est impossible qu'un homme n'ait pas une manie, et nous aimons tous ou la chasse, ou la pêche, ou le jeu, ou la musique, ou l'argent, ou la table, etc. Eh bien, votre passion favorite sera toujours complice du piège qui vous sera tendu par un amant. Sa main invisible dirigera vos amis ou les siens, soit qu'ils consentent ou non à prendre un rôle dans la petite scène qu'il invente pour vous emmener hors du logis ou pour vous laisser lui livrer votre femme. Un amant passera des mois entiers, s'il le faut, à méditer la construction de sa *Souricière*.

J'ai vu succomber l'homme le plus rusé de la terre. C'était un ancien avoué de Normandie. Il habitait la petite ville de B... où le régiment des chasseurs du Cantal tenait garnison. Un élégant officier aimait la femme du Chiquanous, et le régiment devait partir sans que les deux amans eussent pu avoir la moindre privauté. C'était le quatrième militaire dont l'avoué triomphait.

En sortant de table, un soir vers les six

heures, le mari vint se promener sur une terrasse de son jardin, de laquelle on découvrait la campagne. Les officiers arrivèrent en ce moment pour prendre congé de lui. Tout-à-coup brille à l'horizon la flamme sinistre d'un incendie.

— Oh, mon Dieu! la Daudinière brûle!.. s'écria le major, vieux soldat sans malice qui avait dîné au logis.

Tout le monde de sauter à cheval. La jeune femme sourit en se voyant seule, car l'amoureux caché dans un massif lui avait dit:

— C'est un feu de paille!...

Les positions du mari furent tournées avec d'autant mieux d'habileté qu'un excellent coureur attendait le capitaine; et que, par une délicatesse assez rare dans la cavalerie, l'amant sut sacrifier quelques momens de bonheur pour rejoindre la cavalcade et revenir en compagnie du mari.

Le mariage est un véritable duel où pour triompher de son adversaire il faut une attention de tous les momens; car si vous avez le malheur de détourner la tête, l'épée du célibat vous perce de part en part.

§ V.

DE LA FEMME DE CHAMBRE.

La plus jolie femme de chambre que j'aie vue, est celle de madame V....y, qui joue encore aujourd'hui, à Paris, un très-beau rôle parmi les femmes les plus à la mode, et qui passe pour faire très-bon ménage avec son mari. Mademoiselle Célestine est une personne dont les perfections sont si nombreuses, qu'il faudrait pour la peindre traduire les trente vers célèbres inscrits, dit-on, dans le sérail du grand-seigneur, et qui contiennent chacun l'exacte description d'une des trente beautés de la femme.

— Il y a bien de la vanité à garder auprès de vous une créature aussi accomplie!... disait une dame à la maîtresse de la maison.

— Ah! ma chère, vous en viendrez peut-être un jour à m'envier Célestine?...

— Elle a donc des qualités bien rares. Elle habille peut-être bien?

— Oh, très-mal!

— Elle coud bien?

— Elle ne touche jamais à une aiguille.

— Elle est fidèle?

— Ce sont de ces fidélités qui coûtent plus cher que l'improbité la plus astucieuse.

— Vous m'étonnez, ma chère. — C'est donc votre sœur de lait?

— Pas tout-à-fait. Enfin elle n'est bonne à rien, mais c'est de toute ma maison la personne qui m'est la plus utile. Si elle reste dix ans chez moi, je lui ai promis vingt mille francs. Oh! ce sera de l'argent bien gagné, et je ne le regretterai pas!... dit la jeune femme en agitant la tête par un mouvement très-signifi-catif.

La jeune interlocutrice de madame V....y finit par comprendre.

Quand une femme n'a pas d'amie assez intime pour l'aider à se défaire de l'amour marital, la soubrette est une dernière ressource qui manque rarement de produire l'effet qu'elle en attend.

Oh! après dix ans de mariage trouver sous son toit et y voir à toute heure une jeune fille de seize à dix-huit ans, fraîche, mise avec coquetterie, dont les trésors de beauté semblent vous défier, dont l'air candide a d'irrésistibles attraits, dont les yeux baissés vous craignent, dont le regard timide vous tente, et pour qui le lit conjugal n'a point de secrets, tout à la fois vierge et savante! Comment un homme peut-il demeurer froid, comme saint Antoine, devant une sorcellerie aussi puissante, et avoir le courage de rester fidèle aux bons principes représentés par une femme dédaigneuse dont le visage est sévère, les manières assez revêches, et qui se refuse la plupart du temps à son amour? Quel est le mari assez stoïque pour résister à tant de feux, à tant de glaces?... Là, où vous apercevez une nouvelle moisson de plaisirs, la jeune innocente aperçoit des rentes, et votre femme, sa liberté. C'est un petit pacte de famille qui se signe à l'amiable.

Alors votre femme en agit avec le mariage comme les jeunes élégans avec la patrie. S'ils tombent au sort, ils achètent un homme pour porter le mousquet, mourir à leur lieu et place, et leur éviter tous les désagrémens du service militaire.

Dans ces sortes de transactions de la vie conjugale, il n'existe pas de femme qui ne sache faire contracter des torts à son mari. J'ai remarqué, que, par un dernier degré de finesse, la plupart des femmes ne mettent pas toujours leur soubrette dans le secret du rôle qu'elles leur donnent à jouer. Elles se fient à la nature, et se conservent une précieuse autorité sur l'amant et la maîtresse.

Ces secrètes perfidies féminines expliquent une grande partie des bizarreries conjugales qui se rencontrent dans le monde; mais j'ai entendu des femmes discuter d'une manière très-profonde les dangers que présente ce terrible moyen d'attaque, et il faut bien connaître et son mari et la créature à laquelle on le livre pour se permettre d'en user. Plus d'une femme a été victime de ses propres calculs.

Aussi plus un mari se sera montré fougueux et passionné, et moins une femme osera employer cet expédient. Cependant un mari, pris dans ce piège, n'aura jamais rien à objecter à sa sévère moitié, quand s'apercevant d'une faute commise par sa soubrette, elle la renverra dans son pays avec un enfant et une dot.

§ VI.

DU MÉDECIN.

Le médecin est un des plus puissans auxiliaires d'une femme honnête, quand elle veut arriver à un divorce amiable avec son mari. Les services qu'un médecin rend, la plupart du temps à son insu, à une femme, sont d'une telle importance, qu'il n'existe pas une maison en France dont le médecin ne soit choisi par la dame du logis.

Or tous les médecins connaissent l'influence exercée par les femmes sur leur réputation;

aussi vous rencontrez peu de médecins qui ne cherchent instinctivement à leur plaire. Quand un homme de talent est arrivé à la célébrité, il ne se prête plus sans doute aux conspirations malicieuses que les femmes veulent ourdir ; mais il y entre sans le savoir.

Je suppose qu'un mari, instruit par les aventures de sa jeunesse, forme le dessein d'imposer un médecin à sa femme dès les premiers jours de son mariage. Tant que son adversaire féminin ne concevra pas le parti qu'elle doit tirer de cet allié, elle se soumettra silencieusement ; mais plus tard si toutes ses séductions échouent sur l'homme choisi par son mari, elle saisira le moment le plus favorable pour faire cette singulière confidence.

— Je n'aime pas la manière dont le docteur me palpe !

Et voilà le docteur congédié.

Ainsi ou une femme choisit son médecin, ou elle séduit celui qu'on lui impose, ou elle le fait remercier.

Mais cette lutte est fort rare ; car la plupart des jeunes gens qui se marient, ne connaissent que des médecins imberbes qu'ils se soucient fort peu de donner à leurs femmes, et presque toujours l'Esculape d'un ménage est élu par la puissance féminine.

Alors un beau matin, le docteur sortant de la chambre de madame qui s'est mise au lit depuis une quinzaine de jours, est amené par elle à vous dire :

— Je ne vois pas que l'état dans lequel madame se trouve, présente des perturbations bien graves, mais cette somnolence constante, ce dégoût général, cette tendance primitive à une affection dorsale demande de grands soins. Sa lymphe s'épaissit. Il faudrait la changer d'air, l'envoyer aux eaux de Barèges, ou aux eaux de Plombières.

Vous laissez aller votre femme à Plombières; mais elle y va parce que le capitaine Charles ***** est en garnison dans les Vosges. Elle revient très-bien portante et les eaux de Plombières lui ont fait merveille. Elle vous a écrit tous les jours, elle vous a prodigué, de loin, toutes les caresses possibles. Le principe de consomption dorsale a complètement disparu.

Il existe un petit pamphlet, sans doute dicté par la haine; (il a été publié en Hollande;)

mais qui contient des détails fort curieux sur la manière dont madame de Maintenon s'entendait avec Fagon, pour gouverner Louis XIV. Eh bien, un matin, votre docteur vous menacera, comme Fagon venait en menacer son maître, d'une apoplexie foudroyante, si vous ne vous mettez pas au régime. Cette bouffonnerie assez plaisante, sans doute l'œuvre de quelque courtisan, et qui a pour titre : *Mademoiselle de Saint-Tron*, a été devinée par l'auteur moderne qui a fait le proverbe intitulé : *Le jeune médecin*. Mais sa délicieuse scène est bien supérieure à celle dont je cite le titre aux bibliophiles, et nous avouerons avec plaisir que l'œuvre de notre spirituel contemporain nous a empêchés, pour la gloire du XVIIe siècle, de publier les fragmens du vieux pamphlet.

Souvent un docteur, dupe des savantes manœuvres d'une femme jeune et délicate, viendra vous dire en particulier :

— Monsieur, je ne voudrais pas effrayer madame sur sa situation, mais je vous recommande, si sa santé vous est chère, de la laisser dans un calme parfait. L'irritation paraît se diriger en ce moment vers la poitrine, et nous nous en rendrons maîtres; mais il lui faut du repos, beaucoup de repos, la moindre agitation pourrait transporter ailleurs le siège de la maladie. Dans ce moment-ci une grossesse la tuerait.

— Mais, docteur?...

— Ah! ah! je sais bien !

Il rit et s'en va.

Semblable à la baguette de Moïse, l'ordonnance doctorale fait et défait les générations. Un médecin vous réintègre au lit conjugal quand il le faut avec les mêmes raisonnemens qui lui ont servi à vous en chasser. Il traite votre femme de maladies qu'elle n'a pas pour la guérir de celles qu'elle a, et vous n'y concevrez jamais rien; car le jargon scientifique des médecins peut se comparer à ces pains à chanter dont ils enveloppent leurs pilules.

Avec son médecin, une femme honnête est, dans sa chambre, comme un ministre sûr de sa majorité. Elle se fait ordonner à son gré le repos, la distraction, la campagne ou la ville, les eaux ou le cheval, la voiture, selon son bon plaisir et ses intérêts. Elle vous renvoie ou vous admet chez elle comme elle le veut. Tantôt, elle feindra une maladie pour obtenir d'avoir une chambre séparée de la vôtre. Tantôt elle s'entourera de tout l'appareil d'une malade, elle aura une vieille garde, des régimens de fioles, de bouteilles, et du sein de ces remparts elle vous défiera par des airs languissans, ou vous entretiendra si cruellement des looks et des potions calmantes qu'elle a prises, des quintes qu'elle a eues, de ses emplâtres et de ses cataplasmes, qu'elle fera succomber votre amour à coups de maladies, si toutefois ces feintes douleurs ne lui ont pas servi de pièges pour détruire cette singulière abstraction que nous nommons *votre honneur.*

Ainsi votre femme saura se faire des points de résistance, de tous les points de contact que vous aurez avec le monde, avec la société ou avec la vie. Ainsi tout s'armera contre vous, et au milieu de tant d'ennemis vous serez seul.

Mais, supposons que, par un privilège inouï, vous ayez le bonheur d'avoir une femme peu dévote, orpheline et sans amies intimes ; que votre perspicacité vous fasse deviner tous les

traquenards dans lesquels l'amant de votre
femme essayera de vous attirer; que vous ai-
miez encore assez courageusement votre belle
ennemie pour résister à toutes les Marton de la
terre; et qu'enfin, vous ayez pour médecin, un
de ces hommes si célèbres qu'ils n'ont pas le
temps d'écouter les gentillesses des femmes; ou
que, si votre Esculape est le féal de madame,
vous demanderez une consultation à laquelle
interviendra un homme incorruptible toutes les
fois que le docteur favori voudra ordonner une
prescription inquiétante; eh bien, votre position
ne sera guères plus brillante. En effet, si vous
ne succombez pas à l'invasion des alliés, songez
que, jusqu'à présent, votre adversaire n'a pour
ainsi dire pas encore frappé de coup décisif.
Maintenant si vous tenez plus long-temps, votre
femme, après avoir attaché autour de vous,
brin à brin et comme l'araignée, une trame invisible, fera usage des armes que la nature lui
a données, que la civilisation a perfectionnées,
et dont la Méditation suivante va traiter.

MÉDITATION

XXVI.

DES DIFFÉRENTES ARMES.

Une arme est tout ce qui peut servir à
blesser; et, à ce titre, les sentimens sont peut-
être les armes les plus cruelles que l'homme
puisse employer pour frapper son semblable.

Le génie si lucide et en même temps si vaste
de Schiller, semble lui avoir révélé tous les

phénomènes de l'action vive et tranchante exercée par certaines idées sur les organisations
humaines. Une pensée peut tuer un homme.
Telle est la morale des scènes déchirantes,
où, dans les Brigands, le poëte montre un jeune
homme faisant, à l'aide de quelques idées, des
entailles si profondes au cœur d'un vieillard
qu'il finit par lui arracher la vie.

L'époque n'est peut-être pas éloignée où la
science pourra voir le mécanisme ingénieux de
nos pensées saisir la transmission de nos sentimens, et prouver que l'organisation intellectuelle est en quelque sorte un homme intérieur qui ne se projette pas avec moins de violence que l'homme extérieur; et, que la lutte
qui peut s'établir entre deux de ces puissances invisibles à nos faibles yeux, n'est pas
moins mortelle que les combats aux hasards
desquels nous livrons notre enveloppe.

Mais ces considérations appartiennent à d'autres livres que celui-ci, et le but de cette mé-
taphysique est seulement de vous avertir que
les hautes classes sociales raisonnent trop bien
pour s'attaquer autrement que par des armes
intellectuelles.

De même qu'il se rencontre des âmes tendres et délicates en des corps d'une rudesse minérale; de même, il existe des âmes de bronze enveloppées de corps souples et capricieux, dont l'élégance attire l'amitié d'autrui, dont la grâce sollicite des caresses; mais si vous flattez l'homme extérieur de la main, l'*homo duplex*, pour nous servir d'une expression de Buffon, ne tarde pas à se remuer, et ses anguleux contours vous déchirent.

Cette description d'un genre d'êtres tout particulier que nous ne vous souhaitons pas de heurter en cheminant ici bas, vous offre une image de ce que sera votre femme pour vous. Chacun des sentimens les plus doux que la nature a mis dans notre cœur, deviendra chez elle un poignard. Percé de coups à toute heure, vous succomberez nécessairement, car votre amour s'écoulera par chaque blessure.

C'est le dernier combat; mais aussi, pour elle, c'est la victoire.

Pour obéir à la distinction que nous avons cru pouvoir établir entre les trois natures de tempéramens qui sont en quelque sorte les types de toutes les constitutions féminines,

nous diviserons cette Méditation en trois paragraphes, et qui traiteront :

§. I. De la Migraine.

§. II. Des Névroses.

§. III. De la Pudeur relativement au
Mariage.

§ I.

DE LA MIGRAINE.

Les femmes sont constamment dupes ou victimes de leur excessive sensibilité, et nous avons démontré que, chez la plupart d'entre elles, cette délicatesse d'âme devait, presque toujours à notre insu, recevoir les coups les plus rudes, par le fait du mariage. (Voyez les Méditations intitulées : *Des Prédestinés* et *De la Lune de Miel.*) La plupart des moyens de défense employés instinctivement par les maris ne sont-ils pas aussi des piéges tendus à la vivacité des affections féminines ?

Or, il arrive un moment où, pendant la guerre civile, une femme trace par une seule pensée l'histoire de sa vie morale, et s'irrite de l'abus prodigieux que vous avez fait de sa sensibilité. Alors, il est bien rare que les femmes, soit par un sentiment de vengeance inné qu'elles ne s'expliquent jamais, soit par un instinct de domination, ne découvrent pas un moyen de gouvernement dans l'art de mettre en jeu chez l'homme cette propriété de sa machine.

Elles procèdent avec un art admirable à la recherche des cordes qui vibrent le plus dans les cœurs de leurs maris; et, une fois qu'elles en ont trouvé le secret, elles s'emparent avidement de ce principe. Puis comme un enfant auquel on a donné un joujou mécanique dont il parvient à découvrir le ressort, elles iront jusqu'à l'user, frappant incessamment, sans s'inquiéter des forces de l'instrument, pourvu qu'elles réussissent. Si elles vous tuent, elles vous pleureront de la meilleure grâce du monde, comme le plus vertueux, le plus excellent, et le plus sensible des êtres.

Ainsi, votre femme s'armera d'abord de ce sentiment généreux qui nous porte à respecter les êtres souffrans. L'homme le plus disposé à quereller une femme pleine de vie et de santé est sans énergie devant une femme infirme et débile. Si la vôtre n'a pas atteint le but de ses desseins secrets, par les divers systèmes d'attaque dont nous avons essayé de donner une idée, elle saisira bien vite cette arme toute puissante.

C'est en vertu de ce principe d'une stratégie nouvelle que vous verrez la jeune fille si forte de vie et de beauté dont vous avez épousé la fleur, se métamorphoser en une femme pâle et maladive.

L'affection dont les femmes connaissent le mieux les ressources est la Migraine. Cette maladie est la plus facile de toutes à jouer; car elle est sans aucun symptôme apparent. Il suffit, pour l'avoir, de dire : — j'ai la Migraine.

Une femme ne l'eût-elle pas, il n'existe personne au monde qui puisse donner un démenti à son crâne dont les os impénétrables défient et le tact et l'observation. Aussi, la Migraine est-elle, à notre avis, la reine des maladies, l'arme la plus plaisante et la plus terrible employée par les femmes contre leurs maris.

Il existe des êtres violens et sans délicatesse

qui, instruits des ruses féminines par leurs maîtresses pendant le temps heureux de leur célibat, se flattent de ne pas être pris à ce piége vulgaire. Tous leurs efforts, tous leurs raisonnemens, tout finit par succomber devant la magie de ces trois mots :

— J'ai la Migraine !

Si un mari se plaint, hasarde un reproche, une observation, s'il essaie de s'opposer à la puissance de cet *Il buondo cani* du mariáge, il est perdu.

Imaginez une jeune femme, voluptueusement couchée sur un divan, la tête doucement inclinée sur l'un des coussins, une main pendante; un livre est à ses pieds, et sa tasse d'eau de tilleul sur un petit guéridon?.. Maintenant, placez un gros garçon de mari devant elle. Il a fait cinq à six tours dans la chambre; et, à chaque fois qu'il a tourné sur ses talons pour recommencer cette promenade, la petite malade a laissé échapper un mouvement de sourcils pour lui indiquer en vain que le bruit le plus léger la fatigue. Bref, il rassemble tout son courage, et vient protester contre la ruse par cette phrase hardie :

— Mais as-tu bien la Migraine !...

A ces mots, la jeune femme lève un peu sa tête languissante, lève un bras qui retombe faiblement sur le divan, lève des yeux morts sur le plafond, lève tout ce qu'elle peut lever; puis, vous lançant un regard terne, elle dit d'une voix singulièrement affaiblie :

— Eh! qu'aurais-je donc?.. Oh! l'on ne souffre pas tant pour mourir?... Voilà donc toutes les consolations que vous me donnez. Ah! l'on voit bien, messieurs, que la nature ne vous a pas chargés de mettre des enfans au monde. Êtes-vous égoïstes et injustes! Vous nous prenez dans toute la beauté de la jeunesse, fraîches, roses, la taille élancée!... Voilà qui est bien! Mais quand vos plaisirs ont ruiné les dons florissans que nous tenons de la nature, vous ne nous pardonnez pas de les avoir perdus pour vous!.. C'est dans l'ordre. Vous ne nous laissez ni les vertus, ni les souffrances de notre condition. Il vous a fallu des enfans?... nous avons passé les nuits à les soigner; mais les couches ont ruiné notre santé, en nous léguant le principe des plus graves affections..... (Ah! quelles douleurs!..) Il y a peu de femmes qui ne soient sujettes à la Migraine; mais la vôtre doit en être exempte... Vous riez même de ses douleurs; car vous êtes sans générosité... — Par grâce, ne marchez pas!.. — Je ne me serais pas attendu à cela de vous. — Arrêtez la pendule, le mouvement du balancier me répond dans la tête. — Merci. — Oh! que je suis malheureuse!.. N'avez-vous pas sur vous une essence? — Ah! par pitié, permettez-moi de souffrir à mon aise, et sortez; car cette odeur me fend le crâne!

Que pouvez-vous répondre?... N'y a-t-il pas en vous une voix intérieure qui vous crie :

— Mais si elle souffre?...

Aussi presque tous les maris évacuent le champ de bataille bien doucement; et c'est du coin de l'œil, que leurs femmes les regardent marcher sur la pointe du pied et fermer doucement la porte de leur chambre désormais sacrée. Voilà la Migraine, vraie ou fausse, impatronisée chez vous.

Alors la Migraine commence à jouer son rôle au sein du ménage, et c'est un thème sur lequel une femme sait faire d'admirables variations. Elle le déploie dans tous les tons. Avec la

Migraine seule, une femme peut désespérer un mari. La Migraine prend à madame quand elle veut, où elle veut, autant qu'elle le veut. Il y en a de cinq jours, de dix minutes, de périodiques ou d'intermittentes.

Vous trouvez quelquefois votre femme au lit, souffrante, accablée, et les persiennes de sa chambre sont fermées. Sa Migraine a imposé silence à tout, depuis les régions de la loge du concierge, lequel fendait du bois, jusqu'au grenier, d'où votre valet d'écurie jetait dans la cour d'innocentes bottes de paille. Alors, sur la foi de cette Migraine, vous sortez ; mais à votre retour, on vous apprend que madame a décampé!.. Bientôt elle rentre fraîche et vermeille.

— Le docteur est venu!... il m'a conseillé l'exercice, et je m'en suis très-bien trouvée!...

Un autre jour vous voulez entrer chez madame?...

—Oh! monsieur! vous répond la femme de chambre avec toutes les marques du plus profond étonnement; madame a sa Migraine, et jamais je ne l'ai vue si souffrante! On vient d'envoyer chercher M. le docteur.

— Es-tu heureux, disait le maréchal Auge-
reau au général R... d'avoir une jolie femme?

— Avoir!... reprit l'autre. Si j'ai ma femme
dix jours dans l'année, c'est tout au plus. Ces
s...... femmes ont toujours ou la Migraine ou
je ne sais quoi!

La Migraine remplace, en France, les san-
dales qu'en Espagne le confesseur laisse à la
porte de la chambre où il est avec sa pénitente.

Si votre femme, pressentant quelques intentions hostiles de votre part, veut se rendre
aussi inviolable que la Charte, elle entame un
petit concerto de Migraine. Elle se met au lit
avec toutes les peines du monde. Elle jette de
petits cris qui déchirent l'âme. Elle détache avec
grâce une multitude de gestes si habilement
exécutés qu'on pourrait la croire désossée. Or,
quel est l'homme assez peu délicat pour oser
parler de désirs, qui, chez lui, annoncent la plus
parfaite santé, à une femme endolorie! La politesse seule exige impérieusement son silence.
Alors une femme sait qu'au moyen de sa toute
puissante Migraine, elle peut coller à son gré
au-dessus du lit nuptial, cette bande tardive qui
fait brusquement retourner chez eux les ama-

teurs affriolés par une annonce de la Comédie Française quand ils viennent à lire sur l'affiche :

Relâche par une indisposition subite de mademoiselle Mars.

O Migraine, protectrice des amours, impôt conjugal, bouclier sur lequel viennent expirer tous les désirs maritaux! O puissante Migraine! est-il bien possible que les amans ne t'aient pas encore célébrée, divinisée, personnifiée? O prestigieuse Migraine! ô fallacieuse Migraine, béni soit le cerveau qui le premier te conçut! honte au médecin qui te trouverait un préservatif! Oui, tu es le seul mal dont les femmes ne se plaignent pas, sans doute par la reconnaissance des biens que tu leur dispenses, ô fallacieuse Migraine! ô prestigieuse Migraine!

§ II.

DES NÉVROSES.

Il existe une puissance supérieure à celle de la Migraine ; et, nous devons avouer à la gloire de la France et de la modernité, que cette puissance est une des conquêtes les plus récentes de l'esprit féminin. Comme toutes les découvertes les plus utiles aux arts et aux sciences, on ne sait à quel génie elle est due. Seulement, il est certain que c'est vers le milieu du dernier siècle que les vapeurs commencèrent à se montrer en France. Ainsi, pen-

dant que James Watt appliquait à des pro-
blêmes de mécanique, la force de l'eau vapo-
risée, une Française, malheureusement inconnue, avait la gloire de doter son sexe du pouvoir
de vaporiser ses fluides.

Bientôt les effets prodigieux obtenus par les
vapeurs mirent sur la voie des nerfs; et c'est
ainsi, que de fibre en fibre, naquit la Névrologie.
Cette science admirable a déjà conduit les
Philips et d'habiles physiologistes à la découverte du fluide nerveux et de sa circulation.
Peut-être sont-ils à la veille d'en reconnaître
les organes, et les secrets de sa naissance, de
son évaporation. Ainsi, grâce à quelques si-
magrées, nous devrons de pénétrer un jour les
mystères de la puissance inconnue que nous
avons déjà nommée plus d'une fois, dans ce livre,
la volonté.

Mais n'empiétons pas sur le terrain de la
philosophie médicale. Considérons les nerfs
et les vapeurs seulement dans leurs rapports
avec le Mariage ?

Les *névroses*, (dénomination pathologique
sous laquelle sont comprises toutes les affections du système nerveux,) sont de deux sortes

relativement à l'emploi qu'en font les femmes mariées ; car notre Physiologie a le plus superbe dédain des classifications médicales. Ainsi nous ne reconnaissons que :

1° DES NÉVROSES CLASSIQUES.

2° DES NÉVROSES ROMANTIQUES.

Les affections classiques ont quelque chose de belliqueux et d'animé. Elles sont violentes dans leurs ébats comme les Pythonisses, emportées comme les Ménades, agitées comme les Bacchantes, c'est l'antiquité toute pure.

Les affections romantiques sont douces et plaintives comme les ballades chantées en Écosse parmi les brouillards. Elles sont pâles comme des jeunes filles déportées au cercueil par la danse ou par l'amour. Elles sont éminemment élégiaques, c'est toute la mélancolie du nord.

Cette femme aux cheveux noirs, à l'œil perçant, au teint vigoureux, aux lèvres sèches, à la main puissante, sera bouillante et convulsive, elle représentera le génie des névroses classiques ; tandis qu'une jeune blonde, à la peau blanche, sera celui des névroses romantiques. A l'une appartiendra l'empire des nerfs, à l'autre celui des vapeurs.

Souvent un mari, rentrant au logis, y trouve sa femme en pleurs.

— Qu'as-tu, mon cher ange?.

— Moi, je n'ai rien.

— Mais, tu pleures?.

— Je pleure sans savoir pourquoi. Je suis toute triste!... J'ai vu des figures dans les nuages, et ces figures ne m'apparaissent jamais qu'à la veille de quelque malheur... Il me semble que je vais mourir...

Alors elle vous parle à voix basse de défunt son père, de défunt son oncle, de défunt son grand-père, de défunt son cousin. Elle invoque toutes ces ombres lamentables, elle ressent toutes leurs maladies, elle est attaquée de tous leurs maux, elle sent son cœur battre avec trop de violence ou sa rate se gonfler..

Vous vous dites en vous-même :—je sais bien d'où cela vient!

Alors vous essayez de la consoler; mais voilà une femme qui bâille comme un coffre, qui se plaint de la poitrine, qui repleure, qui vous supplie de la laisser à sa mélancolie et à ses souvenirs. Elle vous entretient de ses dernières volontés, suit son convoi, s'enterre, étend sur sa tombe le panache vert d'un saule pleureur... Là où vous vouliez entreprendre de débiter un joyeux épithalame, vous trouvez une épitaphe toute noire.

Il existe des femmes de bonne foi, qui arrachent ainsi à leurs sensibles maris, des cachemires, des diamans, le payement de leurs dettes ou le prix d'une loge aux bouffons; mais presque toujours les vapeurs sont employées comme des armes décisives dans la guerre civile.

Au nom de sa consomption dorsale et de sa poitrine attaquée, une femme va chercher des distractions. Vous la voyez s'habiller mollement et avec tous les symptômes du spleen. Elle ne sort que parce qu'une amie intime, sa mère ou sa sœur viennent essayer de l'arracher à ce divan qui la dévore et sur lequel elle passe sa vie à improviser des élégies. Elle va passer quinze jours à la campagne parce que le docteur l'ordonne. Bref, elle va où elle veut, et fait ce qu'elle veut.

Se rencontrera-t-il jamais un mari assez brutal pour s'opposer à de tels désirs, pour empêcher une femme d'aller chercher la gué-

rison de maux aussi cruels; car il a été établi
par de longues discussions que les nerfs causent d'atroces souffrances.

Mais c'est surtout au lit que les vapeurs
jouent leur rôle. Là, quand une femme n'a
pas la migraine, elle a ses vapeurs; quand
elle n'a ni vapeurs, ni migraine, elle est sous
la protection de la ceinture de Vénus.

Parmi les femmes qui vous livrent la bataille
des vapeurs, il en existe quelques-unes plus
blondes, plus délicates, plus sensibles que les
autres, qui ont le don des larmes. Elles savent
admirablement pleurer. Elles pleurent quand
elles veulent, comme elles veulent, et autant
qu'elles veulent. Elles organisent un système
offensif qui consiste dans une résignation sublime, et remportent des victoires d'autant
plus éclatantes, qu'elles restent en bonne santé.

Un mari tout irrité arrive-t-il promulguer
des volontés? Elles le regardent d'un air soumis, baissent la tête et se taisent. Cette pan-
tomime contrarie presque toujours un mari.
Dans ces sortes de luttes conjugales, un homme
préfère entendre une femme parler et se défendre; car alors on s'exalte, on se fâche;

mais ces femmes point?.. Leur silence vous inquiète, et vous emportez une sorte de remords, comme le meurtrier, qui n'ayant pas
trouvé de résistance chez sa victime, éprouve
une double crainte. Il aurait voulu assassiner
à son corps défendant.

Vous revenez. A votre approche, votre
femme essuye ses larmes et cache son mouchoir de manière à vous laisser voir qu'elle a
pleuré. Vous êtes attendri. Vous la suppliez
de parler. Votre sensibilité vivement émue,
vous fait tout oublier. Alors, elle sanglotte
en parlant et parle en sanglottant, c'est une
éloquence de moulin; car elle vous étourdit
de ses larmes et de ses idées confuses et sac-
cadées, c'est un claquet, c'est un torrent.

Les Françaises, et surtout les Parisiennes, possèdent à merveille le secret de ces sortes de
scènes, auxquelles la nature de leurs organes,
leur sexe, leur toilette, leur débit donnent
des charmes incroyables. Que de fois un sourire de malice a remplacé les larmes sur le visage capricieux de ces adorables comédiennes,
quand elles voient leurs maris empressés ou de
briser la soie, faible lien de leurs corsets,

ou de rattacher le peigne qui rassemblait les tresses de leurs cheveux, toujours prêts à dérouler des milliers de boucles dorées.

Mais que toutes ces ruses de la modernité cèdent au génie antique, aux puissantes attaques de nerfs, à la Pyrrhique conjugale!

Oh! que de promesses pour un amant dans la vivacité de ces mouvemens convulsifs, dans le feu de ces regards, dans la force de ces membres, gracieux jusque dans leurs excès. Alors une femme se roule comme un vent impétueux, s'élance comme les flammes d'un incendie, s'assouplit comme une onde qui glisse sur de blancs cailloux, elle succombe à trop d'amour, elle voit l'avenir, elle prophétise, elle voit surtout le présent et terrasse un mari, et lui imprime une sorte de terreur.

Il suffit souvent à un homme d'avoir vu, une seule fois, sa femme remuer trois ou quatre hommes vigoureux comme si ce n'étaient que des plumes, pour ne plus jamais tenter de la séduire. Il sera comme l'enfant qui, après avoir fait partir la détente d'une effrayante machine, a un incroyable respect pour le plus petit ressort. Puis arrive la faculté de médecine, armée de ses observations et de ses terreurs. J'ai connu un mari, homme doux et pacifique, dont les yeux étaient incessamment braqués sur ceux de sa femme, exactement comme s'il avait été mis dans la cage d'un lion, et qu'on lui eût dit qu'en ne l'irritant pas, il aurait la vie sauve.

Les attaques de nerfs sont très-fatigantes et deviennent tous les jours plus rares, le romantisme a prévalu.

Il s'est rencontré quelques maris flegmatiques, de ces hommes qui aiment long-temps parce qu'ils ménagent leurs sentimens et dont le génie a triomphé de la migraine et des névroses, mais ces hommes sublimes sont rares. Disciples fidèles du bienheureux saint Thomas qui voulut mettre le doigt dans la plaie de Jésus-Christ, ils sont doués d'une incrédulité d'athée. Imperturbables au milieu des perfidies de la migraine, et des pièges de toutes les névroses, ils concentrent leur attention sur la scène qu'on leur joue, ils examinent l'actrice, ils cherchent un des ressorts qui la font mouvoir; et, quand ils ont découvert le mécanisme de cette décoration, ils s'amusent à imprimer un léger mouvement à quelque contrepoids, et s'assurent ainsi très-facilement de la réalité de ces maladies ou de l'artifice de ces momeries conjugales.

Mais si , par une attention , peut-être au-dessus des forces humaines , un mari échappe à tous ces artifices qu'un indomptable amour suggère aux femmes , il sera nécessairement vaincu par l'emploi d'une arme terrible, la dernière que saisisse une femme, car ce sera toujours avec une sorte de répugnance qu'elle détruira elle-même son empire sur un mari; mais c'est une arme empoisonnée, aussi puissante que le fatal couteau des bourreaux. Cette réflexion nous conduit au dernier paragraphe de cette Méditation.

§ III.

DE LA PUDEUR

RELATIVEMENT AU MARIAGE.

Avant de s'occuper de la pudeur, il serait peut-être nécessaire de savoir si elle existe. N'est-elle chez la femme qu'une coquetterie bien entendue? N'est-elle que le sentiment de la libre disposition du corps, comme on pourrait le penser en songeant que la moitié des femmes de la terre va presque nues? N'est-ce qu'une chimère sociale ainsi que le prétendait Diderot en objectant que ce sentiment cédait devant la maladie et devant la misère?

L'on peut faire justice de toutes ces questions.

Un auteur ingénieux a prétendu récemment que les hommes avaient beaucoup plus de pudeur que les femmes. Il s'est appuyé de beaucoup d'observations chirurgicales; mais pour que ses conclusions méritassent notre attention, il faudrait que, pendant un certain temps, les hommes fussent traités par des chirurgiennes.

L'opinion de Diderot est encore d'un moindre poids.

Nier l'existence de la pudeur parce qu'elle disparaît au milieu des crises où presque tous les sentimens humains périssent, c'est vouloir nier que la vie a eu lieu parce que la mort arrive.

Accordons autant de pudeur à un sexe qu'à l'autre, et recherchons en quoi elle consiste.

Rousseau la fait dériver des coquetteries nécessaires que toutes les femelles déploient pour le mâle. Cette opinion nous semble une autre erreur.

Les écrivains du dix-huitième siècle ont sans doute rendu d'immenses services aux sociétés;

mais leur philosophie, basée sur le sensua-
lisme, n'a pas été plus loin que l'épiderme humaine. Ils n'ont considéré que l'univers extérieur; et, sous ce rapport seulement, ils ont
retardé, pour quelque temps, le développement moral de l'homme et les progrès d'une
science, qui tirera toujours ses premiers élémens
de l'Evangile, mieux compris désormais par les
fervens disciples du fils de l'homme.

L'étude des mystères de la pensée, la découverte des organes de l'ame humaine, la
géométrie de ses forces, les phénomènes de sa
puissance, l'appréciation de la faculté qu'elle
nous semble posséder de se mouvoir indé-
pendamment du corps, de se transporter où
elle veut et de voir sans le secours des organes corporels, enfin les lois de sa dynamique
et celles de son influence physique, consti-
tueront la glorieuse part dont le siècle suivant
enrichira le trésor des sciences humaines. Et
nous ne sommes occupés, peut-être en ce
moment, qu'à extraire les blocs énormes dont
un puissant génie saura plus tard faire un
édifice.

Ainsi l'erreur de Rousseau a été l'erreur de

son siècle. Il a expliqué la pudeur par les relations des êtres entr'eux, au lieu de l'expliquer par les relations morales de l'être avec
lui-même. La pudeur n'est pas plus suscep-
tible que la conscience d'être analysée ; et ce
sera peut-être l'avoir fait comprendre instinctivement, que de la nommer la conscience du
corps ; car l'une dirige vers le bien nos sentimens et les moindres actes de notre pensée,
comme l'autre préside aux mouvemens exté-
rieurs.

Les actions qui, en froissant nos intérêts,
désobéissent aux lois de la conscience, nous
blessent plus fortement que toutes les autres ;
et, répétées, elles font naître la haine. Il en
est de même des actes contraires à la pudeur,
relativement à l'amour qui n'est que l'expression de toute notre sensibilité. Si une extrême
pudeur est une des conditions de la vitalité du
mariage comme nous avons essayé de le prouver, (voyez le *Catéchisme Conjugal*, Méditation IV,) il est évident que l'impudeur le dis-
soudra.

Mais ce principe, qui demande de longues
déductions au physiologiste, la femme l'appli-

que la plupart du temps, machinalement; car la société, qui a tout exagéré au profit de l'homme extérieur, développe, dès l'enfance, chez les femmes, ce sentiment autour duquel se groupent presque tous les autres. Aussi du moment où ce voile immense, qui désarme le moindre geste de sa brutalité naturelle, vient à tomber, la femme disparaît. Ame, cœur, esprit, amour, grâce, tout est en ruines. Dans la situation où brille la virginale candeur d'une fille d'Otaïti, l'Européenne devient horrible. Là est la dernière arme dont une épouse se saisit pour s'affranchir du sentiment que lui porte encore son mari. Elle est forte de sa laideur; et, cette femme, qui regarderait comme le plus grand malheur de laisser voir le plus léger mystère de sa toilette à son amant, se fera un plaisir de se montrer à son mari dans la situation la plus désavantageuse qu'elle pourra imaginer.

C'est au moyen des rigueurs de ce système, qu'elle essayera de vous chasser du lit conjugal. Madame Shandy n'entendait pas malice en prévenant le père de Tristram de remonter la pendule; tandis que votre femme éprouvera du plaisir à vous interrompre par les questions les plus positives. Là où, naguère, était le mouvement et la vie, là est le repos et la mort. Une scène d'amour devient une transaction long-temps débattue et presque notariée. Mais ailleurs, nous avons assez prouvé que nous ne nous refusions pas à saisir le comique de certaines crises conjugales, pour qu'il nous soit permis de dédaigner ici les plaisantes ressources que la muse des Verville et des Martial pourrait trouver dans la perfidie des manœuvres féminines, dans l'insultante audace des discours, dans le cynisme de quelques situations. Il serait trop triste de rire, et trop plaisant de s'attrister. Quand une femme en arrive à de telles extrémités, il y a des mondes entre elle et son mari. Cependant, il existe certaines femmes à qui le ciel a fait le don d'agréer en tout, qui savent, dit-on, mettre une certaine grâce spirituelle et comique à ces débats, et qui ont *un bec si bien affilé*, selon l'expression de Sully, qu'elles obtiennent le pardon de leurs caprices, de leurs moqueries, et ne s'aliènent pas le cœur de leurs maris.

Quelle est l'âme assez robuste, l'homme

assez fortement amoureux, pour, après dix ans de mariage, persister dans sa passion, en présence d'une femme qui ne l'aime plus, qui le lui prouve à toute heure, qui le rebute, qui se fait à dessein, aigre, caustique, malade, capricieuse, et qui abjurera ses vœux d'élégance et de propreté, plutôt que de ne pas voir son mari apostasier; devant une femme qui spéculera enfin sur l'horreur causée par l'indécence?

Ici nous sommes parvenus au dernier cercle infernal de la Divine Comédie du Mariage, nous sommes au fond de l'enfer.

Il y a je ne sais quoi de terrible dans la situation où parvient une femme mariée, alors qu'un amour illégitime l'enlève à ses devoirs de mère et d'épouse. Comme l'a fort bien exprimé Diderot, l'infidélité est chez elle comme l'incrédulité chez un prêtre, le dernier terme des forfaitures humaines. C'est pour elle le plus grand crime social, car pour elle, il implique tous les autres. En effet, ou elle profane son amour en continuant d'appartenir à son mari, ou elle rompt tous les liens qui l'attachent à sa famille en s'abandonnant toute entière à son amant. Elle doit opter; car la seule excuse possible est dans l'excès de son amour.

Elle vit donc entre deux forfaits. Elle fera, ou le malheur de son amant, s'il est sincère dans sa passion, ou celui de son mari, si elle en est encore aimée.

C'est à cet épouvantable dilemme de la vie féminine que se rattachent toutes les bizarreries de la conduite des femmes : là est le principe de leurs mensonges, de leurs perfidies, là est le secret de tous leurs mystères. Il y a de quoi faire frissonner. Aussi, comme calcul d'existence seulement, la femme qui accepte les malheurs de la vertu et dédaigne les félicités du crime, a sans doute cent fois raison. Cependant presque toutes balancent les souffrances de l'avenir et des siècles d'angoisses par l'extase d'une demi-heure. Si le sentiment conservateur de la créature, la crainte de la mort, ne les arrête pas, qu'attendre des lois qui les envoient pour deux ans aux Madelonnettes ! O sublime infamie ! Mais si l'on vient à songer que l'objet de ces sacrifices, est un de nos frères, un gentilhomme auquel nous ne confierions pas notre fortune, quand nous en avons une, un homme enfin qui boutonne sa redingotte comme nous tous, il y a de quoi faire pousser un rire qui, parti du Luxembourg, passerait sur tout Paris et irait troubler un âne paissant à Montmartre.

Il paraîtra peut-être fort extraordinaire qu'à propos de mariage, tant de sujets aient été effleurés par nous; mais le mariage n'est pas seulement toute la vie humaine, ce sont deux vies humaines. Or de même que l'addition d'un chiffre dans les mises de la loterie en centuple les chances; de même, une vie unie à une autre vie, multiplie dans une progression effrayante les hasards déjà si variés de la vie humaine.

MÉDITATION

XXVII.

DES DERNIERS SYMPTOMES.

L'auteur de ce livre a rencontré, dans le monde, tant de gens possédés d'une sorte de fanatisme pour la connaissance du temps vrai, du temps moyen, pour les montres à seconde, et pour l'exactitude de leur existence, qu'il a jugé cette Méditation trop nécessaire à la tranquillité d'une grande quantité de maris pour l'omettre. Il eût été cruel de laisser les hommes qui ont la passion de l'heure, sans boussole pour apprécier les dernières variations du zodiaque matrimonial et le moment précis où le signe du minotaure apparaît sur l'horizon.

La *connaissance du temps conjugal* demanderait peut-être un livre tout entier, tant elle exige d'observations fines et délicates. Le Magister avoue que sa jeunesse ne lui a permis de recueillir encore que très-peu de symptômes; mais il éprouve un juste orgueil en arrivant au terme de sa difficile entreprise, de pouvoir faire observer qu'il laisse à ses successeurs un nouveau sujet de recherches; et que, dans une matière en apparence aussi usée, non seulement tout n'était pas dit, mais qu'il restera bien des points à éclaircir.

Il donne donc ici, sans ordre et sans liaison, les élémens informes qu'il a pu rassembler jusqu'à ce jour, espérant avoir le loisir de les coordonner plus tard et de les réduire en un système complet.

S'il était prévenu dans cette entreprise

éminemment nationale, il croit devoir indiquer ici, sans pour cela être taxé de vanité, la division naturelle de ces symptômes. Ils sont nécessairement de deux sortes : les unicornes et les bicornes. Le minotaure unicorne est le moins malfaisant, les deux coupables s'en tiennent à l'amour platonique, ou du moins, leur passion ne laisse point de traces visibles dans la postérité ; tandis que le minotaure bicorne est le malheur avec tous ses fruits.

Nous avons marqué d'un astérisque les symptômes qui nous ont paru concerner ce dernier genre.

OBSERVATIONS MINOTAURIQUES.

—

I.

* Quand après être restée long-temps séparée de son mari, une femme lui fait des agaceries un peu trop fortes, afin de l'induire en amour, elle agit d'après cet axiôme du droit maritime, *Le pavillon couvre la marchandise.*

II.

Une femme est au bal, une de ses amies arrive auprès d'elle et lui dit :

— Votre mari a bien de l'esprit.

— Vous trouvez?....

III.

*Dans le procès en divorce de milord Abergaveny, le valet-de-chambre déposa que :

Madame la vicomtesse avait une telle répugnance pour tout ce qui appartenait à milord, qu'il l'avait très-souvent vue brûlant jusqu'à des brinborions de papier qu'il avait touchés chez elle.

IV.

Si une femme indolente devient active, si une femme qui avait horreur de l'étude, apprend une langue étrangère, enfin tout changement complet opéré dans son caractère est un des symptômes les plus décisifs.

V.

La femme très-heureuse par le cœur ne va plus dans le monde.

VI.

Une femme qui a un amant devient très-indulgente.

VII.

*Un mari donne cent écus par mois à sa femme pour sa toilette; et, tout bien considéré, elle dépense au moins cinq cents francs sans faire un sou de dette, le mari est volé, nuitamment à main armée, par escalade, mais sans effraction.

VIII.

*Deux époux couchaient dans le même lit, madame était constamment malade; ils couchent séparément, elle n'a plus de migraines, et sa santé devient plus brillante que jamais, symptôme effrayant!

IX.

Une femme qui ne prenait aucun soin d'elle-même , passe subitement à une recherche extrême dans sa toilette. — Il y a du minotaure!

X.

— Ah ! ma chère, je ne connais pas de plus grand supplice que de ne pas être comprise.

— Oui, ma chère, mais quand on l'est!.....

— Oh ! cela n'arrive presque jamais.

— Je conviens que c'est bien rare. Ah ! c'est un grand bonheur, mais il n'existe pas deux êtres au monde qui sachent vous comprendre.

XI.

*Le jour où une femme a des procédés pour son mari.... — tout est dit.

XII.

Je lui demande :

— D'où venez-vous, Jeanne?

— Je viens de chez votre compère quérir votre vaisselle que vous laissâtes.

— Ho da? tout est encore à moi! fis-je.

L'an suivant, je réitère la même question en même posture.

— Je viens de quérir notre vaisselle.

— Ha! ha! nous y avons encore part! fis-je.

Mais après si je l'interroge, elle me dira bien autrement.

—Vous voulez tout savoir comme les grands, et vous n'avez pas trois chemises. — Je viens de quérir ma vaisselle, chez mon compère où j'ai soupé.

— Voilà qui est un point grabelé! fis-je.

XIII.

Méfiez-vous d'une femme qui parle de sa vertu.

XIV.

On dit à la duchesse de Chaulnes dont l'état donnait de grandes inquiétudes:

— M. le duc de Chaulnes voudrait vous revoir?

— Est-il là?....

— Oui.

— Qu'il attende..... il entrera avec les sacremens.

Cette anecdote minotaurique a été recueillie par Champfort, mais elle devait se trouver ici comme type.

XV.

* Il y a des femmes qui essayent de persuader à leurs maris qu'ils ont des devoirs à remplir envers certaines personnes:

— Je vous assure que vous devez faire une visite à M. un tel..... — Nous ne pouvons pas nous dispenser d'inviter à dîner M. un tel....

XVI.

— Allons, mon fils, tenez-vous donc droit; essayez donc de prendre les bonnes manières? Enfin, regarde M. un tel?..... vois comme il marche? examine comment il se met?....

XVII.

Quand une femme ne prononce le nom d'un homme que deux fois par jour, il y a peut-être incertitude sur la nature du sentiment qu'elle lui porte; mais trois?... Oh! oh!

XVIII.

Quand une femme reconduit un homme qui n'est ni avocat, ni ministre, jusqu'à la porte de son appartement, elle est bien imprudente.

XIX.

C'est un terrible jour que celui où un mari ne peut pas parvenir à s'expliquer le motif d'une action de sa femme.

XX.

* La femme qui se laisse surprendre mérite son sort.

Quelle doit être la conduite d'un mari en s'apercevant d'un dernier symptôme qui ne lui laisse aucun doute sur l'infidélité de sa femme ?

Cette question est facile à résoudre. Il n'existe que deux partis à prendre : celui de la résignation, ou celui de la vengeance ; mais il n'y a aucun terme entre ces deux extrêmes.

Si l'on opte pour la vengeance, elle doit être complète. L'époux qui ne se sépare pas à jamais de sa femme est un véritable niais.

Si un mari et une femme se jugent dignes d'être encore liés par l'amitié qui unit deux hommes l'un à l'autre, il y a quelque chose d'odieux à faire sentir à sa femme l'avantage qu'on peut avoir sur elle.

Voici quelques anecdotes, dont plusieurs sont inédites, et qui marquent assez bien, à mon sens, les différentes nuances de la conduite qu'un mari doit tenir en pareil cas :

M. de Roquemont couchait une fois par mois dans la chambre de sa femme, et il s'en allait en disant :

— Me voilà net, arrive qui plante !

Il y a là, tout à la fois, de la dépravation et

je ne sais quelle pensée assez haute de politique conjugale.

Un diplomate, en voyant arriver l'amant de
sa femme, sortait de son cabinet, entrait chez
madame, et leur disait :

— Au moins ne vous battez pas?....

Ceci a de la bonhomie.

On demandait à M. de Boufflers, ce qu'il
ferait si, après une très-longue absence, il trouvait sa femme grosse.

— Je ferais porter ma robe de chambre et
mes pantoufles chez elle.

Il y a de la grandeur d'âme.

— Madame, que cet homme vous maltraite
quand vous êtes seule, cela est de votre faute;
mais, je ne souffrirai pas qu'il se conduise mal
avec vous en ma présence; car c'est me manquer.

Il y a noblesse.

Le sublime du genre est le bonnet carré
posé sur le pied du lit par le magistrat, pendant
le sommeil des deux coupables.

Il y a de bien belles vengeances. Mirabeau
a peint admirablement dans un de ces livres
qu'il fit pour gagner sa vie, la sombre rési-

gnation de cette Italienne condamnée, par son mari, à périr avec lui dans les Marennes (1).

DERNIERS AXIOMES.

I.

Ce n'est pas se venger que de surprendre sa femme et son amant et de les tuer dans les bras l'un de l'autre, c'est le plus immense service qu'on puisse leur rendre.

II.

Jamais un mari ne sera si bien vengé que par l'amant de sa femme.

(1) Les Marennes sont une contrée de l'Italie dont l'air est mortel.

MÉDITATION

XXVIII.

DES COMPENSATIONS.

La catastrophe conjugale dont un certain nombre de maris est nécessairement victime, amène presque toujours une péripétie. Alors, autour de vous tout se calme. Votre résignation, si vous vous résignez, a le pouvoir de réveiller de puissans remords dans l'âme de votre femme et de son amant; car leur bonheur même les instruit de toute l'étendue de la lésion qu'ils vous causent. Vous êtes en tiers, sans vous en douter, dans tous leurs plaisirs. Le principe de bienfaisance et de bonté qui gît au fond du cœur humain n'est pas aussi facilement étouffé qu'on le pense; aussi les deux âmes qui vous tourmentent sont précisément celles qui vous veulent le plus de bien.

Dans ces causeries si suaves de familiarités qui servent de liens aux plaisirs et qui sont, en quelque sorte, les caresses de nos pensées, souvent votre femme dit à votre Sosie :

— Eh bien, je t'assure, Auguste, que maintenant je voudrais bien savoir monsieur A—Z heureux; car, au fond, il est bon : s'il n'était pas mon mari, et qu'il ne fût que mon frère, il y a beaucoup de choses que je ferais pour lui plaire! Il m'aime, et — son amitié me gêne.

— Oui, c'est un brave homme!...

Alors vous devenez l'objet du respect de ce célibataire qui voudrait vous donner tous les dédommagemens possibles pour le tort qu'il vous fait; mais il est arrêté par cette fierté dédaigneuse dont l'expression se mêle à tous vos discours, et qui s'empreint dans tous vos gestes.

En effet, dans les premiers momens où le Minotaure arrive, un homme ressemble à un acteur embarrassé sur un théâtre où il n'a pas l'habitude de se montrer. Il est très-difficile de savoir porter sa sottise avec dignité; mais cependant les caractères généreux ne sont pas encore tellement rares qu'on ne puisse en trouver un pour notre mari modèle.

Alors, insensiblement vous êtes gagné par la grâce des procédés dont votre femme vous accable. Elle prend avec vous un ton d'amitié qui ne l'abandonnera plus désormais. La douceur de votre intérieur est une des premières compensations qui rendent à un mari le minotaure moins odieux. Mais, comme il est dans la nature de l'homme de s'habituer aux plus dures conditions, malgré ce sentiment de noblesse que rien ne saurait altérer, vous êtes amené, par une fascination dont la puissance vous enveloppe sans cesse, à ne pas vous refuser à toutes les petites douceurs de votre position.

Supposons que le malheur conjugal soit tombé sur un gastrolâtre? Il demande natu-

rellement des consolations à son Goût. Son
plaisir réfugié en d'autres qualités sensibles de
son être, prend d'autres habitudes. Vous vous
façonnez à d'autres sensations. Alors un jour,
en revenant du ministère, après être long-temps
demeuré devant la riche et savoureuse biblio-
thèque de Chevet, balançant entre une somme
de cent francs à débourser et les jouissances
promises par un pâté de foies gras de Strasbourg,
vous êtes stupéfait de trouver le pâté insolem-
ment installé sur le buffet de votre salle à
manger. Est-ce en vertu d'une espèce de mi-
rage gastronomique?... Alors, dans cette incertitude, vous marchez à *lui*, (un pâté est
une créature animée) d'un pas ferme, vous
semblez hennir en subodorant les truffes dont
le parfum traverse les savantes cloisons dorées;
vous vous penchez à deux reprises différentes;
toutes les houppes nerveuses de votre palais ont
une âme; vous savourez les plaisirs d'une véritable fête; et, dans cette extase, un remords vous
poursuivant, vous arrivez chez votre femme.

— En vérité, ma bonne amie, nous n'avons
pas une fortune à nous permettre d'acheter
des pâtés......

— Mais il ne nous coûte rien!

— Oh! oh!

— Oui, c'est le frère de M. Achille qui le lui
a envoyé.....

Vous apercevez M. Achille dans un coin. Le
célibataire vous salue, il paraît heureux de
vous voir accepter le pâté. Vous regardez votre
femme qui rougit; vous vous passez la main
sur la barbe en caressant à plusieurs reprises
votre menton; et, comme vous ne remerciez
pas, les deux amans devinent que vous agréez
la compensation.

Le ministère a changé tout-à-coup. Un mari,
conseiller d'état, tremble d'être rayé du ta-
bleau, quand, la veille, il espérait une direction générale. Tous les ministres lui sont hostiles, et alors il devient constitutionnel.

Prévoyant sa disgrâce, il s'est rendu à Auteuil
chercher une consolation auprès d'un vieil
ami, qui lui a parlé d'Horace et de Tibulle. En
rentrant chez lui il aperçoit la table mise
comme pour recevoir les hommes les plus influens de la congrégation.

— En vérité, madame la comtesse, dit-il
avec humeur en entrant dans sa chambre, où

elle est à achever sa toilette, je ne reconnais pas aujourd'hui votre tact habituel?...... Vous prenez bien votre temps pour donner des dîners..... Vingt personnes vont savoir.....

— Et vont savoir que vous êtes directeur général!.. s'écrie-t-elle en lui montrant une cédule royale.....

Il reste ébahi. Il prend la lettre, la tourne, la retourne, la décachette. Il s'assied, la déploie.....

— Je savais bien, dit-il, que sous tous les ministères possibles on rendrait justice...

— Oui, mon cher! Mais M. de Villeplaine a répondu de vous, corps pour corps, à son Eminence le cardinal de.... dont il est le....

— M. de Villeplaine?....

Il y a là une compensation si opulente que le mari ajoute avec un sourire de directeur général :

— Peste, ma chère; mais c'est affaire à vous !....

— Ah, ne m'en sachez aucun gré!... Adolphe l'a fait d'instinct et par attachement pour vous !....

Certain soir, un pauvre mari, retenu au logis par une pluie battante, ou lassé peut-être d'aller passer ses soirées au jeu, au café, dans le monde, ennuyé de tout, se voit contraint après le dîner de suivre sa femme dans la chambre conjugale. Il se plonge dans une bergère et attend sultanesquement son café. Il semble se dire : — Après tout, c'est ma femme !...

La syrène apprête elle-même la boisson favorite, elle met un soin particulier à la distiller, la sucre, y goûte, la lui présente ; et, en souriant, elle hasarde, odalisque soumise, une plaisanterie, afin de dérider le front de son maître et seigneur.

Jusqu'alors, il avait cru que sa femme était bête ; mais en entendant une saillie aussi fine que celle par laquelle vous l'agacerez, madame, il relève la tête de cette manière particulière aux chiens qui dépistent un lièvre.

— Où diable a-t-elle pris cela ?... mais c'est un hasard ! se dit-il en lui-même.

Alors du haut de sa grandeur, il réplique par une observation piquante.

Madame y riposte, la conversation devient aussi vive qu'intéressante, et ce mari, homme assez supérieur, est tout étonné de trouver l'es-

prit de sa femme orné des connaissances les
plus variées. Le mot propre lui arrive avec
une merveilleuse facilité; son tact et sa délicatesse lui font saisir des aperçus d'une nouveauté gracieuse. Ce n'est plus la même femme.

Elle remarque l'effet qu'elle produit sur son
mari; et, autant pour se venger de ses dé-
dains, que pour faire admirer l'amant de qui
elle tient, pour ainsi dire, les trésors de son
esprit; elle s'anime, elle éblouit. Le mari, plus
en état qu'un autre d'apprécier une compensation qui doit avoir quelqu'influence sur son
avenir, est amené à penser que les passions des
femmes sont peut-être une sorte de culture
nécessaire.

Mais comment s'y prendre pour révéler celle
des compensations qui flatte le plus les maris?

Entre le moment où apparaissent les derniers symptômes et l'époque de la paix conjugale,
dont nous ne tarderons pas à nous occuper, il
s'écoule à-peu-près une dixaine d'années. Or,
pendant ce laps de temps et avant que les deux
époux signent le traité qui, par une réconciliation sincère entre le peuple féminin et son
maître légitime, consacre leur petite restaura-

tion matrimoniale, avant enfin de fermer, selon l'expression de Louis XVIII, l'abime des révolutions, il est rare qu'une femme honnête n'ait eu qu'un amant. L'anarchie a des phases inévitables. La domination fougueuse des tribuns est remplacée par celle du sabre, ou de la plume, car l'on ne rencontre guères des amans dont la constance soit décennale. Ensuite nos calculs prouvant qu'une femme honnête n'a que bien strictement acquitté ses contributions physiologiques ou diaboliques en ne faisant que trois heureux, il est dans les probabilités qu'elle aura mis le pied en plus d'une région amoureuse. Alors quelquefois, pendant un trop long interrègne de l'amour, il peut arriver que, soit par caprice, soit par tentation, soit par l'attrait de la nouveauté, une femme entreprenne de séduire son mari. Figurez-vous la charmante madame de T., l'héroïne de notre Méditation sur la Stratégie, commençant par dire d'un air fin :

— Mais, je ne vous ai jamais vu si aimable?....

De flatterie en flatterie, elle tente, elle pique la curiosité, elle plaisante, elle féconde en vous le plus léger désir, elle s'en empare et vous rend orgueilleux de vous-même.

Alors arrive pour un mari la nuit des dédommagemens. Une femme confond alors l'imagination de son mari. Semblable à ces voyageurs cosmopolites, elle raconte les merveilles des pays qu'elle a parcourus. Elle entremêle ses discours de mots appartenant à plusieurs langages. Les images passionnées de l'Orient, le mouvement original des phrases espagnoles, tout se heurte, tout se presse. Elle déroule les trésors de son album avec tous les mystères de la coquetterie, elle est ravissante, vous ne l'avez jamais connue!...

Avec cet art particulier qu'ont les femmes de s'approprier tout ce qu'on leur enseigne, elle a su fondre les nuances pour se créer une manière qui n'appartient qu'à elle. Vous n'aviez reçu qu'une femme gauche et naïve des mains de l'Hyménée, le Célibat généreux vous en rend une dixaine. Alors un mari joyeux, et ravi, voit sa couche envahie par la troupe folâtre de ces courtisannes lutines dont nous avons parlé dans la Méditation sur les *Premiers Symptômes*. Ces déesses viennent se grouper, rire et folâtrer sous les élégantes mousselines du lit nuptial.

La Phénicienne vous jette ses couronnes et se balance mollement; la Chalcidisseuse vous surprend par les prestiges de ses pieds blancs et délicats, l'Unelmane arrive et vous découvre, en parlant le dialecte de la belle Ionie, des trésors de bonheur inconnus dans l'étude approfondie qu'elle vous fait faire d'une seule sensation.

Désolé d'avoir dédaigné tant de charmes, et fatigué souvent d'avoir rencontré autant de perfidie chez les prêtresses de Vénus, que chez les femmes honnêtes, un mari hâte quelquefois, par sa galanterie, le moment de la réconciliation, vers laquelle tendent toujours d'honnêtes gens; et ce regain de bonheur est récolté avec plus de plaisir, peut-être, que la moisson première. Le minotaure vous avait pris de l'or, il vous restitue des diamans. En effet, c'est peut-être ici le lieu d'articuler un fait de la plus haute importance. On peut avoir une femme, sans la posséder. Comme la plupart des maris, vous n'aviez peut-être encore rien reçu de la vôtre, et pour rendre votre

union parfaite, il fallait peut-être l'intervention
puissante du Célibat. Comment nommer ce mi-
racle, le seul qui s'opère sur un patient en son
absence?.... Hélas, mes frères, nous n'avons pas
fait la nature !....

Mais par combien d'autres compensations
non moins riches, l'âme noble et généreuse
d'un jeune célibataire ne sait-elle pas quelquefois racheter son pardon ! Je me souviens d'a-
voir été témoin d'une des plus magnifiques
réparations que puisse offrir un amant au
mari qu'il minotaurise.

Par une chaude soirée de l'été de 1817, je
vis arriver, dans un des salons de Tortoni, un
de ces deux cents jeunes gens que nous nommons avec tant de confiance, nos amis. Il étoit
dans toute la splendeur de sa modestie. Une
adorable femme mise avec un goût parfait,
et qui venait de consentir à entrer dans un
de ces frais boudoirs consacrés par la mode,
était descendue d'une élégante calèche, qui
s'arrêta sur le boulevard, en empiétant aristo-
cratiquement sur le terrain des promeneurs.
Mon jeune célibataire apparut donnant le bras
à sa souveraine, tandis que le mari suivait

tenant par la main deux petits enfans jolis comme des amours. Les deux amans, plus lestes que le père de famille, étaient parvenus avant lui dans le cabinet indiqué par le glacier. En traversant la salle d'entrée, le mari heurta je ne sais quel dandy qui se formalisa d'être heurté; et, de là, naquit une querelle, qui en un instant devint sérieuse par l'aigreur des répliques respectives.

Au moment où le dandy allait se permettre un geste indigne d'un homme qui se respecte, le célibataire était intervenu, il avait arrêté le bras du dandy, il l'avait surpris, confondu, atterré, il était superbe. Il accomplit l'acte que méditait l'agresseur en lui disant :

— Monsieur?..

Ce — monsieur?.... est un des plus beaux discours que j'aie jamais entendus. Il semblait que le jeune célibataire s'exprimât ainsi :

— Ce père de famille m'appartient. Puisque je me suis emparé de son honneur, c'est à moi de le défendre. Je connais mon devoir, je suis son remplaçant et je me battrai pour lui.

La jeune femme était sublime! Pâle, éperdue, elle avait saisi le bras de son mari qui parlait toujours; et, sans mot dire, elle l'entraîna dans la calèche, ainsi que ses enfans. C'était une de ces femmes du grand monde, qui savent toujours accorder la violence de leurs sentimens avec le bon ton.

— Oh monsieur Adolphe! s'écria la jeune dame en voyant son ami remonter d'un air gai dans la calèche.

— Ce n'est rien, madame, c'est un de mes amis, et nous nous sommes embrassés...

Cependant le lendemain matin le courageux célibataire reçut un coup d'épée qui mit sa vie en danger, et le retint six mois au lit. Il fut l'objet des soins les plus touchans de la part des deux époux. Que de compensations!...

Aussi quelques années après cet événement, un vieil oncle du mari, dont les opinions ne cadraient pas avec celles du jeune ami de la maison, et qui conservait un petit levain de rancune contre lui, à propos d'une discussion politique, entreprit de le faire expulser du logis. Le vieillard alla jusqu'à dire à son neveu qu'il fallait opter entre sa succession et le renvoi de cet impertinent célibataire. Alors

le respectable négociant, car c'était un agent
de change, dit à son oncle :

— Ah ! ce n'est pas vous, mon oncle, qui
me réduirez à manquer de reconnaissance !...
Mais si je le lui disais, ce jeune homme se ferait tuer pour vous !... Il a sauvé mon crédit,
il passerait dans le feu pour moi, il me débar-
rasse de ma femme, il m'attire des cliens, il
m'a procuré presque toutes les négociations
de l'emprunt Villèle... je lui dois la vie, c'est
le père de mes enfans.... cela ne s'oublie pas !..

Toutes ces compensations peuvent passer
pour complètes ; mais malheureusement, il y
a des compensations de tous les genres. Il en
existe de négatives, de fallacieuses, et enfin,
il y en a de fallacieuses et de négatives tout
ensemble.

Je connais un vieux mari, possédé par le
démon du jeu. Presque tous les soirs l'amant
de sa femme vient et joue avec lui. Le célibataire lui dispense avec libéralité les jouissances
que donnent les incertitudes et le hasard du
jeu, et sait perdre régulièrement une cen-
taine de francs par mois ; mais madame les lui
donne...... La compensation est fallacieuse.

Vous êtes pair de France et vous n'avez jamais eu que des filles. Votre femme accouche d'un garçon!.... La compensation est négative.

L'enfant qui sauve votre nom de l'oubli ressemble à la mère..... Madame la duchesse vous persuade que l'enfant est de vous. La compensation négative devient fallacieuse.

Si tant de maris arrivent doucettement à la paix conjugale, et portent avec tant de grâce les insignes imaginaires de la puissance patrimoniale, leur philosophie est sans doute soutenue par le *confortabilisme* de certaines compensations que les oisifs ne savent pas deviner. Quelques années s'écoulent, et les deux époux atteignent à la dernière situation de l'existence artificielle à laquelle ils se sont condamnés en s'unissant.

MÉDITATION

XXIX.

DE LA PAIX CONJUGALE.

Mon esprit a si fraternellement accompagné
le Mariage dans toutes ses phases de sa vie fantastique , qu'il me semble avoir vieilli avec le
ménage que j'ai pris si jeune au commencement de cet ouvrage.

Après avoir éprouvé par la pensée la fougue
des premières passions humaines ; après avoir

crayonné, tout imparfait que soit le dessin, les
évènemens principaux de la vie conjugale;
après m'être débattu contre tant de femmes qui
ne m'appartenaient pas; après m'être usé à
combattre tant de caractères évoqués du néant;
après avoir assisté à tant de batailles, j'éprouve
une lassitude intellectuelle qui étale comme un
crêpe sur toutes les choses de la vie. Il me semble
que j'ai un catharre, que je porte des lunettes
vertes, que mes mains tremblent, et que je
vais passer la seconde moitié de mon existence
et de mon livre à excuser les folies de la première.

Je me vois entouré de grands enfans que je
n'ai point faits et assis auprès d'une femme que
je n'ai point épousée. Je crois sentir des rides
amassées sur mon front. Je suis devant un foyer
qui pétille comme en dépit de moi, et j'habite
une chambre antique... Alors, j'éprouve un
mouvement d'effroi en portant la main à mon
cœur; car je me demande:

— Est-il donc flétri?...

Semblable à un vieux procureur, aucun sentiment ne m'en impose, et je n'admets un fait
que quand il m'est attesté, comme dit un vers

de lord Byron, par deux bons faux témoins. Aucun visage ne me trompe.

Je suis morne et sombre. Je connais le monde et il n'a plus d'illusions pour moi. Mes amitiés les plus saintes ont été trahies. J'échange avec ma femme un regard d'une immense profondeur, et la moindre de nos paroles est un poignard qui traverse notre vie de part en part. Je suis dans un horrible calme.

Voilà donc la paix de la vieillesse? Le vieillard possède donc en lui par avance le cimetière qui le possédera bientôt. Il s'accoutume au froid. L'homme meurt, comme nous le disent les philosophes, en détail; et même il trompe presque toujours la mort : ce qu'elle vient saisir de sa main décharnée est-il bien toujours la vie?....

O mourir jeune et palpitant!..... Destinée digne d'envie! N'est-ce pas, comme l'a dit un ravissant poète : « Emporter avec soi toutes » ses illusions, s'ensevelir, comme un roi » d'Orient, avec ses pierreries et ses trésors, » avec toute la fortune humaine. »

Que d'actions de grâces ne devons-nous donc pas adresser à l'esprit doux et bienfaisant qui

respire en toute chose ici-bas! En effet, le soin
que la nature prend à nous dépouiller pièce à
pièce de nos vêtemens, à nous déshabiller l'âme
en nous affaiblissant par degrés, l'ouïe, la vue, le
toucher, en ralentissant la circulation de notre
sang et figeant nos humeurs pour nous rendre
aussi peu sensibles à l'invasion de la mort que
nous le fûmes à celle de la vie, ce soin ma-
ternel qu'elle a de notre fragile enveloppe, elle
le déploye aussi pour les sentimens et pour
cette double existence que crée l'amour conjugal.

Elle nous envoie d'abord la CONFIANCE, qui,
tendant la main, et ouvrant son cœur, nous
dit : — Vois? je suis à toi pour toujours...

La TIÈDEUR la suit, marchant d'un pas lan-
guissant, détournant sa blonde tête pour bâiller
comme une jeune veuve obligée d'écouter un
ministre prêt à lui signer un brevet de pension.

L'INDIFFÉRENCE arrive, elle s'étend sur un
divan, ne songeant plus à baisser la robe que
jadis le DÉSIR levait si chastement et si vivement. Elle jette un œil sans pudeur comme
sans immodestie sur le lit nuptial; et, si elle

désire quelque chose, ce sont des fruits verts pour réveiller les papilles engourdies qui tapissent son palais blasé.

Enfin l'Expérience philosophique de la vie se présente, le front soucieux, dédaigneuse, montrant du doigt les résultats et non pas les causes, la victoire calme, et non pas le combat fougueux. Elle suppute des arrérages avec les fermiers et calcule la dot d'un enfant. Elle matérialise tout. Par un coup de sa baguette, la vie devient compacte et sans ressort : jadis tout était fluide, maintenant tout s'est minéralisé.

Alors le plaisir n'existe plus pour nos cœurs. Il est jugé, il n'était qu'une sensation, une crise passagère ; or, ce que l'âme veut, aujourd'hui c'est un état ; et le bonheur seul est permanent. Il gît dans la tranquillité la plus absolue, dans la régularité des repas, du dormir, et du jeu des organes appesantis.

— Cela est horrible !... m'écriais-je, je suis jeune, vivace !... Périssent tous les livres du monde plutôt que mes illusions.

Je quittai mon laboratoire et je m'élançai dans Paris. En voyant passer les figures les plus ravissantes, je m'aperçus bien que je n'étais pas vieux; et la première femme, jeune, belle et bien mise qui m'apparut, fit évanouir par le feu de son regard la sorcellerie dont j'étais volontairement victime.

A peine avais-je fait quelques pas dans le jardin des Tuileries, endroit vers lequel je m'étais dirigé, que j'aperçus le prototype de la situation matrimoniale à laquelle ce livre est arrivé. J'aurais voulu caractériser, idéaliser ou personnifier le mariage, tel que je le conçois alors qu'il eût été impossible à la sainte Trinité même d'en créer un symbole aussi complet.

Figurez-vous une femme d'une cinquantaine d'années, vêtue d'une redingote de mérinos brun-rouge, tenant de sa main gauche un cordon vert noué au collier d'un joli petit griffon anglais, et donnant le bras droit à un homme en culotte et en bas de soie noirs, ayant sur la tête un chapeau dont les bords se retroussaient capricieusement, et sous les deux côtés duquel s'échappaient les touffes neigeuses de deux ailes de pigeon. Une petite queue à peu près grosse comme un tuyau de plume, se jouait sur une nuque jaunâtre assez grasse que le collet rabattu d'un habit râpé laissait à découvert.

Le couple marchait d'un pas d'ambassadeur; et le mari, septuagénaire au moins, s'arrêtait complaisamment toutes les fois que le griffon faisait une gentillesse.

Je m'empressai de devancer l'image vivante de ma Méditation, et je fus surpris au dernier point en reconnaissant le marquis de T.... l'ami du comte de Nocé, qui, depuis long-temps, me devait la fin de l'histoire interrompue, que j'ai rapportée dans la *Théorie du lit*. (Voir la Méditation XVII.)

— J'ai l'honneur, me dit-il, de vous présen-ter madame la marquise de T....

Je saluai profondément une dame au visage pâle et ridé. Son front était orné d'un tour dont les boucles plates et circulairement pla-cées, loin de produire quelque illusion ajou-taient un désenchantement de plus à toutes les rides qui le sillonnaient.

Elle avait un peu de rouge et ressemblait assez à une vieille actrice de province.

— Je ne vois pas, monsieur, ce que vous pourrez dire contre un mariage comme le nôtre? me dit le vieillard.

— Les lois romaines le défendent!.... répondis-je en riant.

La marquise me jeta un regard qui marquait autant d'inquiétude que d'improbation, et qui semblait dire :

— Est-ce que je serai arrivée à mon âge pour n'être qu'une concubine!......

Nous allâmes nous asseoir sur un banc, dans le sombre bosquet planté à l'angle de la haute terrasse qui domine la place Louis XVI, du côté du garde-meuble.

L'automne effeuillait déjà les arbres, et dispersait devant nous les feuilles jaunes de sa couronne; mais le soleil ne laissait pas que de répandre une douce chaleur.

— Eh bien, l'ouvrage est-il fini?... me dit le vieillard avec cet onctueux accent particulier aux hommes de l'ancienne aristocratie. Il joignit à ces paroles un sourire sardonique en guise de commentaire.

— A peu près, monsieur, répondis-je. J'ai atteint la situation philosophique à laquelle vous me semblez être arrivé, mais je vous avoue que je....

— Vous cherchiez des idées?..... ajouta-t-il

en achevant une phrase que je ne savais plus comment terminer. — Eh bien, dit-il en continuant, vous pouvez hardiment prétendre qu'en parvenant à l'hiver de sa vie, un homme... (un homme qui pense, entendons-nous.) finit par disputer à l'amour, la folle existence que nos illusions lui ont donnée !...

— Quoi c'est vous qui nieriez l'amour, le lendemain d'un mariage!

— D'abord, dit-il, le lendemain, ce serait une raison ; mais, mon mariage est une spéculation, reprit-il en se penchant à mon oreille. J'ai acheté les soins, les attentions, les services dont j'ai besoin, et je suis bien certain d'obtenir tous les égards que réclame mon âge ; car j'ai donné toute ma fortune à mon neveu par testament ; et ma femme ne devant être riche que pendant ma vie, vous concevez que.......

Je jetai sur le vieillard un regard si pénétrant qu'il me serra la main et me dit :

— Vous paraissez avoir bon cœur, car il ne faut jurer de rien... Eh bien, croyez que je lui ai ménagé une douce surprise dans mon testament! ajouta-t-il gaiement.

— Arrivez donc, Joseph... s'écria la marquise en allant au devant d'un domestique qui apportait une redingote en soie ouatée, monsieur a peut-être déjà eu froid?

Le vieux marquis mit la redingote, la croisa; et, me prenant le bras, il m'emmena sur la partie de la terrasse où abondaient les rayons du soleil.

— Dans votre ouvrage, me dit-il, vous aurez sans doute parlé de l'amour en jeune homme. Eh bien, si vous voulez vous acquiter des devoirs que vous impose le mot ec.... élec.....

— Eclectique.... lui dis-je en souriant, car il n'avait jamais pu se faire à ce nom philosophique.

— Je connais bien le mot!..., reprit-il. Si donc vous voulez obéir à votre vœu d'*électisme*, il faut que vous exprimiez au sujet de l'amour quelques idées viriles que je vais vous communiquer, et dont je ne vous disputerai pas le mérite, si mérite il y a; car je veux vous léguer de mon bien, mais ce sera tout ce que vous en aurez.

— Il n'y a pas de fortune pécuniaire qui vaille une fortune d'idées, quand elles sont bonnes toutefois! Ainsi je vous écoute avec reconnaissance.

— L'amour n'existe pas? reprit le vieillard en me regardant. Ce n'est pas même un sentiment, c'est une nécessité malheureuse qui tient le milieu entre les besoins du corps et ceux de l'âme. Mais, en épousant pour un moment vos jeunes pensées, essayons de raisonner sur cette maladie sociale?

Je crois que vous ne pouvez concevoir l'amour que comme un besoin ou comme un sentiment?

Je fis un signe d'affirmation.

— Considéré comme besoin, dit le vieillard, l'amour se fait sentir le dernier parmi tous les autres, et cesse le premier.

Nous sommes amoureux à vingt ans (passez moi les différences), et nous cessons de l'être à cinquante.

Pendant ces vingt années, combien de fois le besoin se ferait-il sentir si nous n'étions pas provoqués par les mœurs incendiaires de nos villes, et par l'habitude que nous avons de vivre en présence, non pas d'une femme, mais des femmes.

Que devons-nous à la conservation de la race? Peut-être autant d'enfans que nous avons de mamelles, parce que si l'un meurt, l'autre vivra. Si ces deux enfans étaient toujours fidèlement obtenus, où iraient donc les nations? Trente millions d'individus sont une population trop forte pour la France, puisque le sol ne suffit pas à sauver plus de dix millions d'êtres de la misère et de la faim. Songez que la Chine en est réduite à jeter ses enfans à l'eau, selon le rapport des voyageurs. Or, deux enfans à faire? voilà tout le mariage. Les plaisirs superflus sont non-seulement du libertinage, mais une perte immense pour l'homme, ainsi que je vous le démontrerai tout à l'heure. Comparez donc à cette pauvreté d'action et de durée, l'exigence quotidienne et perpétuelle des autres conditions de notre existence? La nature nous interroge à toute heure pour nos besoins réels; et, tout au contraire, elle se refuse absolument aux excès que notre imagination sollicite parfois en amour.

C'est donc le dernier de nos besoins, et le seul dont l'oubli ne produise aucune perturbation dans l'économie du corps! L'amour est un luxe social comme les dentelles et les diamans.

Maintenant, en l'examinant comme sentiment, nous pouvons y trouver deux distinc-
tions, le plaisir et la passion. Analysez le plaisir? Les affections humaines reposent sur deux
principes : l'attraction et l'aversion. L'attraction est ce sentiment général pour les choses
qui flattent notre instinct de conservation ;
l'aversion est l'exercice de ce même instinct,
quand il nous avertit qu'une chose peut lui
porter préjudice. Tout ce qui agite puissamment notre organisme, nous donne une conscience plus intime de notre existence, voilà le
plaisir. Il se constitue du désir, de la difficulté
et de la jouissance d'avoir n'importe quoi. Le
plaisir est un élément unique, et nos passions
n'en sont que des modifications plus ou moins
vives; aussi, presque toujours, l'habitude d'un
plaisir exclut les autres. Or l'amour est le moins
vif de nos plaisirs et le moins durable. Où pla-
cez-vous le plaisir de l'amour?...

Sera-ce la possession d'un beau corps?....
Avec de l'argent vous pouvez acquérir dans
une soirée des odalisques admirables; mais au
bout d'un mois, vous aurez blasé peut-être à

jamais, le sentiment en vous. Serait-ce par hasard autre chose ?.... Aimeriez-vous une femme parce qu'elle est bien mise, élégante, qu'elle est riche, qu'elle a voiture, qu'elle a du crédit.... Ne nommez pas cela de l'amour, car c'est de la vanité, de l'avarice, de l'égoïsme. L'aimez-vous parce qu'elle est spirituelle ?... vous obéissez peut-être alors à un sentiment littéraire.

— Mais, lui dis-je, l'amour ne révèle ses plaisirs qu'à ceux qui confondent leurs pensées, leurs fortunes, leurs sentimens, leurs âmes, leurs vies...

— Oh !... oh !... oh !.. s'écria le vieillard d'un ton goguenard, trouvez-moi sept hommes par nation. qui aient sacrifié à une femme, non pas leurs vies?.... car cela n'est pas grand'chose, le tarif de la vie humaine n'a pas, sous Napoléon, monté plus haut qu'à vingt mille francs; et il y a en France en ce moment 250,000 braves qui donnent la leur pour un ruban rouge de deux pouces; mais sept hommes qui aient sacrifié à une femme dix millions, sur lesquels ils auraient dormi solitairement pendant une seule nuit...

Dubois et Pméja sont encore moins rares que l'amour de mademoiselle Dupuis et de Bolinbroke. Alors, ces sentimens-là procèdent d'une cause inconnue.

Mais vous m'avez amené ainsi à considérer l'amour comme une passion? Eh bien, c'est la dernière, de toutes et la plus méprisable. Elle promet tout et ne tient rien. Elle vient de même que l'amour comme besoin, la dernière, et périt la première. Ah! parlez-moi de la vengeance, de la haine, de l'avarice, du jeu, de l'ambition, du fanatisme?.. Ces passions-là ont là quelque chose de viril, ces sentimens-là sont impérissables. Ils font tous les jours les sacrifices, qui ne sont faits par l'amour que par boutades.

— Mais, reprit-il, maintenant abjurez l'amour. D'abord plus de tracas, de soins, d'inquiétudes, plus de ces petites passions qui gaspillent les forces humaines. Un homme vit heureux et tranquille. Socialement parlant, sa puissance est infiniment plus grande et plus intense. Ce divorce fait avec ce je ne sais quoi nommé amour, est la raison primitive du pouvoir de tous les hommes qui agissent sur les masses humaines, mais ce n'est rien encore.

Ah! si vous connaissiez alors de quelle force magique un homme est doué, quels sont les trésors de puissance intellectuelle et quelle longévité de corps il trouve en lui-même, quand se détachant de toute espèce de passions humaines, il emploie toute son énergie au profit de son âme. Si vous pouviez jouir pendant deux minutes des richesses que Dieu dispense aux hommes sages qui ne considèrent l'amour que comme un besoin passager auquel il suffit d'obéir à vingt ans, six mois durant, aux hommes qui dédaignant les plantureux et obturateurs beefteaks de la Normandie, se nourrissent des racines qu'il a libéralement dispensées, et qui se couchent sur des feuilles sèches comme les solitaires de la Thébaïde?... ah! vous ne garderiez pas trois secondes, la dépouille des quinze mérinos qui vous couvrent, vous jetteriez votre badine, et vous iriez vivre dans les cieux!... vous y trouveriez l'amour que vous cherchez dans la fange terrestre, vous y entendriez des concerts autrement mélodieux que ceux de M. Rossini, des voix plus pures que celle de la Malibran... Mais j'en parle en aveugle et par ouï-dire; si

je n'avais pas été en Allemagne, de vers l'an
1791, je ne saurais rien de tout ceci... Oui
l'homme a une vocation pour l'infini. Il y a en
lui un instinct qui l'appelle vers Dieu. Dieu
est tout, donne tout, fait oublier tout, et la
pensée est le fil qu'il nous a donné pour communiquer avec lui!...

Il s'arrête tout-à-coup, l'œil fixé vers le ciel..

—Le pauvre bonhomme a perdu la tête!
pensais-je.

— Monsieur, lui dis-je, ce serait pousser loin le dévoûment pour la philosophie
éclectique que de consigner vos idées dans
mon ouvrage; car c'est le détruire. Tout y est
basé sur l'amour platonique ou sensuel. Dieu
me garde de finir mon livre par de tels blasphè-
mes sociaux! J'essaierai plutôt de retourner par
quelque subtilité pantagruélique à mon trou-
peau de célibataires et de femmes honnêtes,
en m'ingéniant à trouver quelque utilité sociale et raisonnable à leurs passions et à leurs
folies. Oh! oh! si la paix conjugale nous conduit à des raisonnemens aussi désenchanteurs,
aussi sombres, je connais bien des maris qui
préféreraient la guerre.

— Ah! jeune homme, s'écria le vieux marquis, je n'aurai pas à me reprocher de ne pas avoir indiqué le chemin à un voyageur égaré.

— Adieu, vieille carcasse!... dis-je en moi-même, adieu mariage ambulant, adieu squelette de feu d'artifice! adieu machine! Quoique je t'aie donné parfois quelques traits de gens qui m'ont été chers, vieux portraits de famille, rentrez dans la boutique du marchand de tableaux, allez rejoindre madame de T. et toutes les autres : que vous deveniez des enseignes à bière... peu m'importe.

MÉDITATION

XXX.

CONCLUSION.

Un homme de solitude et qui se croyait le don
de seconde vue, ayant dit au peuple d'Israël de
le suivre sur une montagne pour y entendre
la révélation de quelques mystères, se vit
accompagné par une troupe qui tenait assez
de place sur le chemin pour que son amour-

propre en fût chatouillé, tout prophète qu'il pût être.

Mais comme sa montagne se trouvait à je ne sais quelle distance, il arriva qu'à la première poste, un artisan se souvint qu'il devait livrer une paire de babouches à un duc et pair, une femme pensa que la bouillie de ses enfans était sur le feu, un publicain songea qu'il avait des métalliques à négocier, et ils s'en allèrent.

Un peu plus loin des amans restèrent sous des oliviers, en oubliant les discours du prophète; car ils pensèrent que la terre promise était là où ils s'arrêtaient, et la parole divine là où ils causaient ensemble.

Des obèses, chargés de ventres à la Sancho, et qui depuis un quart d'heure s'essuyaient le front avec leurs foulards, commencèrent à avoir soif, et restèrent auprès d'une claire fontaine.

Quelques anciens militaires se plaignirent des cors qui leur agaçaient les nerfs, et parlèrent d'Austerlitz à propos de bottes trop étroites.

A la seconde poste, quelques gens du monde se dirent à l'oreille :

— Mais c'est un fou que ce prophète là?...

— Est-ce que vous l'avez écouté?

— Moi, je suis venu par curiosité.

— Et moi, parce que j'ai vu qu'on le suivait (c'était un *fashionable*).

— C'est un charlatan.

Le prophète marchait toujours.

Mais, quand il fut arrivé sur le plateau d'où l'on découvrait un immense horizon, il se retourna, et ne vit auprès de lui qu'un pauvre Israélite auquel il aurait pu dire comme le prince de Ligne au méchant petit tambour bancroche qu'il trouva sur la place où il se croyait attendu par la garnison : — Eh bien! messieurs les lecteurs, il paraît que vous n'êtes qu'un?....

Homme de Dieu qui m'as suivi jusqu'ici!.... j'espère qu'une petite récapitulation ne t'effrayera pas, et j'ai voyagé dans la conviction que tu te disais comme moi : — Où diable allons-nous?....

— Eh bien, c'est ici le lieu de vous demander, mon respectable lecteur, quelle est votre opinion relativement au renouvellement du monopole des tabacs, ce que vous pensez des impôts exhorbitans mis sur les vins, sur le port

d'armes, sur les jeux, sur la loterie, et sur les
cartes à jouer, l'eau-de-vie, les savons, les co-
tons, et les soieries, etc.

— Je pense que tous ces impôts, entrant
pour un tiers dans les revenus du budget, nous
serions fort embarrassés si....

— De sorte, mon excellent mari-modèle,
que si personne ne se grisait, ne jouait, ne
prenait de tabac, ne chassait; enfin si nous
n'avions en France, ni vices, ni passions, ni
maladies, l'État serait à deux doigts d'une
banqueroute; car il paraît que nos rentes sont
hypothéquées sur la corruption publique,
comme notre commerce ne vit que par le luxe.
Si l'on veut y regarder d'un peu plus près, tous
les impôts sont basés sur une maladie morale.
En effet, la plus grosse recette des domaines
ne vient-elle pas des contrats d'assurance que
chacun s'empresse de se constituer contre les
mutations de sa bonne foi, de même que la fortune des gens de justice prend sa source dans les
procès qu'on intente à cette foi jurée. Et pour
continuer cet examen philosophique, je verrais
les gendarmes sans chevaux et sans culotte
de peau, si tout le monde se tenait tranquille

et s'il n'y avait ni imbécilles, ni paresseux.
Imposez donc la vertu?.... Eh bien, je pense
qu'il y a plus de rapports qu'on ne le croit entre mes femmes honnêtes et le budget; et je
me charge de vous le démontrer si vous voulez me laisser finir mon livre comme il a commencé, par un petit essai de statistique.

M'accorderez-vous qu'un amant doive mettre, plus souvent, des chemises blanches que
n'en met, soit un mari, soit un célibataire
inoccupé? Cela me semble hors de doute. La
différence qui existe entre un mari et un amant
se voit à l'esprit seul de leur toilette. L'un est
sans artifice, sa barbe reste souvent longue, et
l'autre ne se montre jamais que sous les armes.
Sterne a dit fort plaisamment que le livre de sa
blanchisseuse était le mémoire le plus histori-
que qu'il connût sur son *Tristram Shandy*;
et que, par le nombre de ses chemises, on pouvait deviner les endroits de son livre qui lui
avaient le plus coûté à faire. Eh bien! chez les
amans, le registre du blanchisseur est l'historien
le plus fidèle et le plus impartial qu'ils aient
de leurs amours. En effet, une passion con-
somme une quantité prodigieuse de pélerines,

de cravattes, de robes nécessitées par la coquetterie ; car il y a un immense prestige attaché à la blancheur des bas, à l'éclat d'une collerette et d'un canezou, aux plis artistement faits d'une chemise d'homme, à la grâce de sa cravatte et de son col. Ceci explique l'endroit où j'ai dit de la femme honnête (Méditation II), elle passe sa vie à faire empeser ses robes.

J'ai pris des renseignemens auprès d'une dame afin de savoir à quelle somme on pouvait évaluer cette contribution imposée par l'amour, et je me souviens qu'après l'avoir fixée à cent francs par an pour une femme, elle me dit avec une sorte de bonhomie :

— Mais, c'est selon le caractère des hommes, car il y en a qui sont plus *gâcheurs* les uns que les autres.

Cependant, après une discussion très-approfondie, où je stipulais pour les célibataires et la dame pour son sexe, il fut convenu que, l'un portant l'autre, deux amans appartenant aux sphères sociales dont cet ouvrage s'est occupé, doivent dépenser pour cet article, à eux deux, cent cinquante francs par an, de plus qu'en temps de paix.

Ce fut par un semblable traité amiable et longuement discuté, que nous arrêtâmes aussi une différence collective de quatre cents francs entre le pied de guerre et le pied de paix, relativement à toutes les parties du costume.

Cet article fut même trouvé fort mesquin par toutes les puissances viriles et féminines que nous consultâmes.

Les lumières qui nous furent apportées par quelques personnes pour nous éclairer sur ces matières délicates, nous donna l'idée de réunir dans un dîner quelques têtes savantes, afin d'être guidés par des opinions sages dans ces importantes recherches.

L'assemblée eut lieu. Ce fut le verre à la main, et après de brillantes improvisations que les chapitres suivans du budget de l'amour reçurent une sorte de sanction législative.

La somme de cent francs fut allouée pour les commissionnaires et les voitures.

Celle de cinquante écus parut très-raisonnable pour les petits pâtés que l'on mange en se promenant, pour les bouquets de violettes et les parties de spectacles.

Une somme de deux cents francs fut reconnue

nécessaire à la solde extraordinaire demandée par la bouche et les dîners chez les restaurateurs. Du moment où la dépense était admise, il fallait bien la couvrir par une recette.

Ce fut dans cette discussion, qu'un jeune chevau-léger, (car le roi n'avait pas encore supprimé sa maison rouge à l'époque où cette transaction fut méditée) rendu presque *ebriolus* par le Champagne, fut rappelé à l'ordre pour avoir osé comparer les amans à des appareils distillatoires.

Mais un chapitre qui donna lieu aux plus violentes discussions, qui resta même ajourné pendant plusieurs semaines et qui nécessita un rapport, fut celui des cadeaux.

Dans la dernière séance, la délicate madame de D... opina la première; et, par un discours plein de grâce et qui prouvait la noblesse de ses sentimens, elle essaya de démontrer que la plupart du temps les dons de l'amour n'avaient aucune valeur intrinsèque.

L'auteur répondit qu'il n'y avait pas d'amans qui ne fissent faire leurs portraits.

Une dame objecta que le portrait n'était qu'un premier capital, et qu'on avait toujours soin de se les redemander pour leur donner un nouveau cours.

Mais tout-à-coup un gentilhomme provençal se leva pour prononcer une philippique contre les femmes.

Il parla de l'incroyable faim dont la plupart des amantes étaient possédées pour les fourrures, les pièces de satin, les étoffes, les bijoux et les meubles.

Une dame l'interrompit en lui demandant si madame d'O...y, son amie intime, ne lui avait pas déjà payé deux fois ses dettes.

— Vous vous trompez, madame, reprit le provençal, c'est son mari.

— L'orateur est rappelé à l'ordre, s'écria le président, et condamné à festoyer toute l'assemblée pour s'être servi du mot *mari*.

Le provençal fut complètement réfuté par une dame qui tâcha de prouver que les femmes avaient beaucoup plus de dévoûment en amour que les hommes; que les amans coûtaient fort cher, et qu'une femme honnête se trouverait très-heureuse de s'en tirer avec eux pour deux mille francs seulement par an.

La discussion allait dégénérer en personnalités, quand on demanda le scrutin. Les conclusions de la commission furent adoptées.

Elles portaient en substance, que la somme des cadeaux annuels serait évaluée entre amans, à cinq cents francs, mais que dans ce chiffre seraient également compris :

1° L'argent des parties de campagne ;

2° Les dépenses pharmaceutiques occasionnées par les rhumes que l'on gagnait le soir en se promenant dans les allées trop humides des parcs, ou en sortant du spectacle, et qui constituaient de véritables cadeaux ;

3° Les ports de lettres et les frais de chancellerie ;

4° Les voyages et toutes les dépenses généralement quelconques dont le détail aurait échappé, sans avoir égard aux folies qui pouvaient être faites par des dissipateurs, attendu que d'après les recherches de la commission, il était démontré que la plupart des profusions profitaient aux filles d'Opéra et non aux femmes légitimes.

Le résultat de cette statistique pécuniaire de l'amour fut que l'une portant l'autre une passion coûtait par an près de quinze cents francs, nécessaires à une dépense supportée par les amans d'une manière souvent inégale, mais qui n'aurait pas lieu sans leur attachement. Il y eut aussi une sorte d'unanimité dans l'assemblée pour constater que ce chiffre était le minimum du coût annuel d'une passion.

Or, mon cher monsieur, comme nous avons, par les calculs de notre Statistique Conjugale, (Voyez les *Méditations* I, II et III, tom. 1,) prouvé d'une manière irrévocable qu'il existait en France une masse flottante d'au moins quinze cent mille passions illégitimes, il s'en suit :

Que les criminelles conversations du tiers de la population française contribuent pour une somme de près de trois milliards au vaste mouvement circulatoire de l'argent, véritable sang social dont le budget est le cœur;

Que la femme honnête ne donne pas seulement la vie aux enfans de la patrie, mais encore à ses capitaux;

Que nos manufactures ne doivent leur prospérité qu'à ce mouvement *systolaire*;

Que la femme honnête est un être essentiellement budgetif et consommateur;

Que la moindre baisse dans l'amour public entraînerait d'incalculables malheurs pour le fisc et pour les rentiers;

Qu'un mari a au moins le tiers de son revenu hypothéqué sur l'inconséquence de sa femme, etc.

Je sais bien que vous ouvrez déjà la bouche pour me parler de mœurs, de politique, de bien et de mal..... mais, mon cher minotaurisé, le bonheur n'est-il pas la fin que doivent se proposer toutes les sociétés?... N'est-ce pas cet axiôme qui fait que ces pauvres Rois se donnent tant de mal après leurs peuples? Eh bien, la femme honnête n'a pas, comme eux il est vrai, des trônes, des gendarmes, des tribunaux, elle n'a qu'un lit à offrir; mais si nos quatre cent mille femmes rendent heureux, par cette ingénieuse machine, un million de célibataires et par-dessus le marché leurs quatre cent mille maris, n'atteignent-elles pas mystérieusement et sans faste au but qu'un gouvernement a en vue, c'est-à-dire de donner la plus grande somme possible de bonheur à la masse.

— Oui, mais les chagrins, les enfans, les malheurs......

— Ah, permettez-moi de mettre en lumière le mot consolateur par lequel l'un de nos plus spirituels caricaturistes termine une de ses charges?

— L'homme n'est pas parfait!

Il suffit donc que nos institutions n'aient pas plus d'inconvéniens que d'avantages pour qu'elles soient excellentes; car le genre humain n'est pas placé, socialement parlant, entre le bien et le mal, mais entre le mal et le pire.

Or, si l'ouvrage que nous avons actuellement accompli, a eu pour but de diminuer la pire des institutions matrimoniales, en dévoilant les erreurs et les contre-sens auxquels donnent lieu nos mœurs et nos préjugés, il sera certes un des plus beaux titres qu'un homme puisse présenter pour être placé parmi *les bienfaiteurs de l'humanité.*

L'auteur n'a-t-il pas cherché, en armant les maris, à donner plus de retenue aux femmes, par conséquent plus de violence aux passions, plus d'argent au fisc, plus de vie au commerce et à l'agriculture?

Grâces à cette dernière Méditation, il peut

se flatter d'avoir complètement obéi au vœu d'éclectisme qu'il a formé en entreprenant cet ouvrage, et il espère avoir rapporté, comme un avocat-général, toutes les pièces du procès, mais sans donner ses conclusions.

En effet, que vous importe de trouver ici un axiôme?

Voulez-vous que ce livre soit le développement de la dernière opinion qu'ait eue Tronchet, qui, sur la fin de ses jours, pensait que le législateur avait considéré, dans le mariage, bien moins les époux que les enfans?

Je le veux bien.

Souhaitez-vous plutôt que ce livre serve de preuve à la péroraison de ce capucin, qui, prêchant devant Anne d'Autriche et voyant la reine ainsi que les dames fort courroucées de ses argumens trop victorieux sur leur fragilité, leur dit en descendant de la chaire de vérité :

— Mais vous êtes toutes d'honnêtes femmes, et c'est nous autres qui sommes malheureusement des fils de Samaritaine?....

Soit encore.

Permis à vous d'en extraire telle consé-

quence qu'il vous plaira; car je pense qu'il
est fort difficile de ne pas rassembler deux idées
contraires sur ce sujet qui n'aient quelque
justesse. Mais le livre n'a pas été fait pour ou
contre le mariage, et il ne vous en devait que
la plus exacte description. Si l'examen de la
machine peut nous amener à perfectionner un
rouage; si en nettoyant une pièce rouillée, nous
avons donné du ressort à ce mécanisme, accordez un salaire à l'ouvrier. Si l'auteur a eu
l'impertinence de dire des vérités trop dures,
s'il a trop souvent généralisé des faits particu-
liers, et s'il a trop négligé les lieux communs dont
on se sert pour encenser les femmes depuis un
temps immémorial, oh! qu'il soit crucifié! Mais
ne lui prêtez pas d'intentions hostiles contre
l'institution, en elle-même, il n'en veut qu'aux
femmes, et aux hommes. Il sait que du moment
où le mariage n'a pas renversé le mariage, il est
inattaquable; et après tout, s'il existe tant de
plaintes contre cette institution, c'est peut-être
parce que l'homme n'a de mémoire que pour
ses maux, et qu'il accuse sa femme, comme il
accuse la vie; car le mariage est une vie dans
la vie.

Cependant, les personnes qui ont l'habitude de se faire une opinion en lisant un journal, médiraient peut-être d'un livre qui pousserait trop loin la manie de l'éclectisme ; alors s'il leur faut absolument quelque chose qui ait l'air d'une péroraison, il n'est pas impossible de leur en trouver une. Et puisque des paroles de Napoléon servirent de début à ce livre, pourquoi ne finirait-il pas ainsi qu'il a commencé?

En plein conseil d'état donc, le premier Consul prononça cette phrase foudroyante qui fait, tout-à-la-fois, l'éloge et la satyre du mariage et le résumé de ce livre :

— Si l'homme ne vieillissait pas, je ne lui voudrais pas de femme !

POST-SCRIPTUM.

—Et, vous marierez-vous?... demanda madame d'A*** à laquelle l'auteur venait de lire
son manuscrit.

(C'était l'une des deux dames à la sagacité
desquelles l'auteur a déjà rendu hommage
dans l'introduction de son livre.)

— Certainement, madame, répondit-il. Rencontrer une femme assez hardie pour vouloir de moi, sera désormais la plus chère de toutes mes espérances.

— Est-ce résignation ou fatuité?....

— C'est mon secret.

— Eh bien, M. le Docteur ès-arts-et-sciences conjugales, permettez-moi de vous raconter un petit apologue oriental que j'ai lu jadis dans je ne sais quel recueil qui nous était offert, chaque année, en guise d'almanach.

Au commencement de l'empire, les dames mirent à la mode un jeu qui consistait à ne rien accepter de la personne avec laquelle on convenait de jouer sans dire le mot *Iadesté*. Une partie durait, comme bien vous pensez, des semaines entières, et le comble de la finesse était de se surprendre l'un ou l'autre à recevoir une bagatelle sans prononcer le mot sacramental.

— Même un baiser?

— Oh! j'ai vingt fois gagné l'*Iadesté* ainsi! dit-elle en riant.

Ce fut, je crois, en ce moment et à l'occasion de ce jeu dont l'origine est arabe ou chinoise que mon apologue obtint les honneurs de l'impression.

— Mais, si je vous le raconte, dit-elle en s'interrompant elle-même, pour effleurer l'une de ses narines avec l'index de sa main droite, par un charmant geste de coquetterie, promettez-moi de le placer à la fin de votre ouvrage ?...

— Ne sera-ce pas le doter d'un trésor ?... Je vous ai déjà tant d'obligations, que vous m'avez mis dans l'impossibilité de m'acquitter, ainsi j'accepte.

Elle sourit malicieusement et reprit en ces termes :

— Un philosophe avait composé un fort ample recueil de tous les tours que notre sexe peut jouer; et, pour se garantir de nous, il le portait continuellement sur lui. Un jour en voyageant, il se trouva près d'un camp d'Arabes. Une jeune femme, assise à l'ombre d'un palmier, se leva soudain à l'approche du voyageur, et l'invita si obligeamment à se reposer sous sa tente, qu'il ne put se défendre d'accepter. Le mari de cette dame était alors absent. Le philosophe se fut à peine posé sur un moëlleux tapis, que sa gracieuse hôtesse lui présenta des dattes fraîches et un al-carasaz plein de lait, il ne put s'empêcher de remarquer la rare perfection des mains qui lui offrirent le breuvage et les fruits. Mais pour se distraire des sensations que lui faisaient éprouver les charmes de la jeune Arabe dont il commençait à craindre les piéges, le savant prit son livre et se mit à le lire.

La séduisante créature piquée de ce dédain lui dit de la voix la plus mélodieuse :

— Il faut que ce livre soit bien intéressant, puisqu'il vous paraît la seule chose digne de fixer votre attention. Est-ce une indiscrétion que de vous demander le nom de la science dont il traite ?....

Le philosophe répondit en tenant les yeux baissés :

— Le sujet de ce livre n'est pas de la compétence des dames!

Ce refus du philosophe excita de plus en plus la curiosité de la jeune Arabe. Elle avança le plus joli petit pied qui jamais eût laissé sa fugitive empreinte sur le sable mouvant du désert. Le philosophe eut des distractions, et son œil trop puissamment tenté, ne tarda pas à voyager de ces pieds dont les promesses étaient si fécondes en plaisirs, jusqu'au corsage plus ravissant encore; puis il confondit bientôt la flamme de son admiration avec le feu dont pétillaient les ardentes et noires prunelles de la jeune Asiatique.

Alors elle redemanda d'une voix si douce quel était ce livre, que le philosophe charmé répondit :

— Je suis l'auteur de cet ouvrage. Mais le fonds n'est pas de moi. Il contient toutes les ruses que les femmes ont inventées.

— Quoi!.... toutes absolument? dit la fille du désert.

— Oui, toutes! Et ce n'est qu'en étudiant constamment les femmes que je suis parvenu à ne plus les redouter.

— Ah!... dit l'Arabe en abaissant les longs cils de ses blanches paupières; puis, lançant tout-à-coup le plus vif de ses regards au prétendu sage, elle lui fit oublier bientôt et son livre et les tours qu'il contenait: Voilà mon philosophe le plus passionné de tous les hommes.

Croyant apercevoir dans les manières de la jeune femme une légère teinte de coquetterie, l'étranger osa hasarder un aveu. Comment aurait-il résisté? le ciel était bleu, le sable brillait au loin comme une lame d'or, le vent du désert apportait l'amour, et la femme de l'Arabe semblait réfléchir tous les feux dont elle était entourée; aussi ses yeux pénétrans devinrent humides; et, par un signe de tête qui parut imprimer un mouvement d'ondulation à cette lumineuse atmosphère, elle consentit à écoute les paroles d'amour que disait l'étranger.

Le sage s'enivrait déjà des plus flatteuses espérances, quand la jeune femme, entendant au loin le galop d'un cheval qui semblait avoir des ailes, s'écria :

— Nous sommes perdus! mon mari va nous surprendre. Il est jaloux comme un tigre et plus impitoyable…. Au nom du prophète, et si vous aimez la vie, cachez-vous dans ce coffre!…..

L'auteur épouvanté, ne voyant point d'autre parti à prendre pour se tirer de ce mauvais pas, entra dans le coffre, s'y blottit; et, la femme le refermant sur lui, en prit la clef.

Elle alla au-devant de son époux; et, après quelques caresses qui le mirent en belle humeur :

— Il faut, dit-elle, que je vous raconte une aventure bien singulière.

— J'écoute, ma gazelle!... répondit l'Arabe, qui s'assit sur un tapis en croisant les genoux selon l'habitude des Orientaux.

— Il est venu aujourd'hui une espèce de philosophe! dit-elle. Il prétend avoir rassemblé dans un livre toutes les fourberies dont mon sexe est capable; et ce faux sage m'a entretenue d'amour.

— Eh bien!.... s'écria l'Arabe.

— Je l'ai écouté!... reprit-elle avec sang-froid. Il est jeune, pressant, et... vous êtes arrivé fort à propos pour secourir ma vertu chancelante!....

A ces mots l'Arabe bondit comme un lionceau et tira son cangiar en rugissant.

Le philosophe, qui, du fond de son coffre, entendait tout, donnait à Arimane, son livre, les femmes et tous les hommes de l'Arabie Pétrée.

— Fatmé!... s'écria le mari, si tu veux

vivre, réponds?.... Où est le traître?.....

Effrayée de l'orage qu'elle s'était plue à ex-
citer, Fatmé se jeta aux pieds de son époux; et,
tremblante sous l'acier menaçant du poignard,
elle désigna le coffre par un seul regard aussi
prompt que timide.

Elle se releva honteuse; et, prenant la clef
qu'elle avait à sa ceinture, elle la présenta au
jaloux; mais au moment où il se disposait à
ouvrir le coffre, la malicieuse Arabe partit
d'un grand éclat de rire. Faroun s'arrêta tout
interdit et regarda sa femme avec une sorte
d'inquiétude.

— Enfin j'aurai ma belle chaîne d'or !... s'é-
cria-t-elle en sautant de joie. Donnez-la moi,
vous avez perdu l'*Iadesté*. Une autre fois ayez
plus de mémoire.

Le mari, stupéfait, laissa tomber la clef, et
présenta la prestigieuse chaîne d'or à genoux,
en offrant à sa chère Fatmé de lui apporter
tous les bijoux des caravanes qui passeraient
dans l'année, si elle voulait renoncer à employer
des ruses aussi cruelles pour gagner l'*Iadesté*.
Puis, comme c'était un Arabe et qu'il n'aimait
pas à perdre une chaîne d'or, bien qu'elle dût

appartenir à sa femme, il remonta sur son coursier et partit allant grommeler à son aise dans le désert; car il aimait trop Fatmé pour lui montrer des regrets.

Alors la jeune femme, tirant le philosophe plus mort que vif du coffre où il gisait, lui dit gravement :

—Monsieur le docteur, n'oubliez pas ce tour là dans votre recueil.

FIN DU SECOND ET DERNIER VOLUME.

ERRATA.

Ceci doit servir à vous prémunir contre les fautes que vous avez faites en lisant cet ouvrage.

—

Pages 207, 208, 209 *et* 210 *du tome II.*

Pour bien comprendre le sens de ces pages, un lecteur honnête homme doit en relire plusieurs fois les principaux passages; car l'auteur y a mis toute sa pensée.

—

Dans presque tous les endroits du livre où la matière peut paraître sérieuse, et dans tous ceux où elle semble bouffonne, pour saisir l'esprit de l'ouvrage, équivoquez? (1)

(1) Dans notre ancienne et si admirable littérature, équivoquer c'était faire une contrepeterie, et contrepeter c'était faire une équivoque; de sorte que toujours on équivoquait en contrepetant, et qu'on contrepetait en équivoquant. Cette définition est une espèce de contrepeterie. L'équivoque s'obtient en renversant les termes de la proposition, ou plus souvent en échangeant les lettres initiales de deux mots. Rabelais, Verville, Tabourot sont pleins de contrepeteries. La plus célèbre de toutes celles de Rabelais est : *Femme folle à la messe*, etc. Mais si Rabelais, Verville ou Tabourot eussent vécu au dix-neuvième siècle, ils n'auraient pas certes manqué celle-ci : Allez, pères de la foi, allez fères de la poi !

Si vous avez redoublé d'attention en lisant les lignes mises entre deux filets, sous prétexte d'axiôme ou d'aphorisme, vous avez souvent accusé l'auteur de vanité, ne songeant pas qu'il n'a jamais eu la prétention de les donner pour meilleures que les autres. Le but de ces larges blancs est de donner plus de profondeur et de vitalité au livre; car c'est en quelque sorte son sommeil, il s'y ravive. Et puis, l'auteur atteint bien plus vite, par ce moyen, aux mots délicieux : *Fin du premier volume.*

—

Obligé d'être lui-même son Mathanasius, l'auteur se voit forcé de faire remarquer à ceux qui se seront permis d'ouvrir un livre qui n'était pas pour eux, que là où ils n'ont rien compris, la faute venait d'eux; et là où ils l'ont accusé de cynisme, c'était vice de leur naturel. Ainsi, pour en donner un exemple, plus d'un homme moral et plus d'une femme à célibataire auront trouvé fort mauvais que dans la description de *la Femme honnête,* (voyez Méditation II, Statistique conjugale,) l'auteur ait dit : Cependant il est certains fardeaux qu'elle sait remuer avec une merveilleuse facilité. Ces paroles étaient le prodrome du paragraphe des Nevroses. Adieu, Jacques Bonhomme, tu en as eu depuis *pater* jusqu'à *vitulos......* Ah! ah!

TABLE

DU SECOND VOLUME.

Suite

DE LA DEUXIÈME PARTIE.

DES MOYENS DE DÉFENSE A L'INTÉRIEUR ET A L'EXTÉRIEUR.

Méditation XVII.

Théorie du Lit.   7
— §. I. — Les deux Lits jumeaux.   23
— §. II. — Des Chambres séparées.   39
— §. III. — D'un seul et même Lit.   43

Méditation XVIII.

Des Révolutions conjugales.   55

Méditation XIX.

De l'Amant.   67

Méditation XX.

Essai sur la Police.   75
— §. I. — Des Souricières.   77

350   TABLE.

— §. II. — De la Correspondance.   88
— §. III. — Des Espions.   99
— §. IV. — L'Index.   105
— §. V. — Du Budget.   108

Méditation XXI.

L'Art de rentrer chez soi.   119

Méditation XXII.

Des Péripéties.   133

TROISIÈME PARTIE.

DE LA GUERRE CIVILE.

Méditation XXIII.

Des Manifestes.   153

Méditation XXIV.

Principes de Stratégie.   163

Méditation XXV.

Des Alliés.   205
— §. I. — Des Religions et de la Confes-

TABLE.   35i

sion, considérées dans leurs rapports avec le Mariage.   207

— §. II. — De la Belle-mère.   211

— §. III. — Des Amies de pension, et des Amies intimes.   215

— §. IV. — Des Alliés de l'Amant.   227

— §. V. — De la Femme-de-chambre.   23i

— §. VI. — Du Médecin.   236

Méditation XXVI.

Des différentes Armes.   24i

— §. I. — De la Migraine.   247

— §. II. — Des Névroses.   256

— §. III. — De la Pudeur, relativement au Mariage.   266

Méditation XXVII.

Des derniers Symptômes.   275

Méditation XXVIII.

Des Compensations.   287

Méditation XXIX.

De la Paix conjugale.   3o3

Méditation XXX.

Conclusion.   321
Post-scriptum.   337
Errata.   347